U0299251

# 好文案会说话

## 从风格到实用的写作指南

[美] 妮可·芬顿（Nicole Fenton） 凯特·克菲·李（Kate Kiefer Lee） 著

王东川 译

NICELY SAID

Writing for the Web with Style and Purpose

清华大学出版社

北 京

北京市版权局著作权合同登记号 图字：01-2021-4868



**图书在版编目（CIP）数据**

好文案会说话：从风格到实用的写作指南 /（美）妮可·芬顿 (Nicole Fenton)，（美）凯特·克菲·李 (Kate Kiefer Lee) 著；王东川译 .—北京：清华大学出版社，2022.4
（新时代·职场新技能）
书名原文：Nicely Said：Writing for the Web with Style and Purpose
ISBN 978-7-302-58488-9

Ⅰ.①好… Ⅱ.①妮… ②凯… ③王… Ⅲ.①写作 Ⅳ.① H05

中国版本图书馆 CIP 数据核字 (2021) 第 146622 号

**责任编辑：**刘　洋
**装帧设计：**方加青
**责任校对：**宋玉莲
**责任印制：**杨　艳

**出版发行：**清华大学出版社
**网　　址：**http：//www.tup.com.cn，http：//www.wqbook.com
**地　　址：**北京清华大学学研大厦 A 座　　**邮　　编：**100084
**社 总 机：**010-83470000　　**邮　　购：**010-62786544
**投稿与读者服务：**010-62776969，c-service@tup.tsinghua.edu.cn
**质 量 反 馈：**010-62772015，zhiliang@tup.tsinghua.edu.cn
**印 装 者：**北京同文印刷有限责任公司
**经　　销：**全国新华书店
**开　　本：**148mm×210mm　　**印　　张：**6.625　　**字　　数：**137 千字
**版　　次：**2022 年 4 月第 1 版　　**印　　次：**2022 年 4 月第 1 次印刷
**定　　价：**65.00 元

---

产品编号：088905-01

随着网络成为社会生产活动的一项基础设施，在各种网络平台上，在产品介绍时进行文案写作，日益成为许多职场人必备的基础职业技能。如何从一个“小白”迅速成长为网络文案高手？网络文案写作与传统文案写作有何区别？经验丰富的行业达人有哪些能让你事半功倍的小技巧？这些都是很多入行新人关心的重要问题，遗憾的是，目前市面上相关的学习资料与书籍尚未见到。本书在很大程度上填补了这一空白。作者妮可·芬顿和凯特·基弗·李，是美国知名的文案营销写作与公共传播专家。“巨细靡遗”这个词，或许最能概括这本书的特征。写作必备的基础常识，从零开始制作 UI 文字界面，找到创意与传播灵感，打造读者社群的方式，提高个人与团队工作效率的技巧……无论是新人还是有多年经验的老手，都能发现本书在最大程度上囊括了自己可能在网络文案撰写工作中遇到的问题及解决之道。可以说，本书不流于空谈，是作者从自己多年工作经验中提炼的精华，介绍了很多宝贵的细节、经验与技巧，具有较强的针对性与可操作性。

本书适合从事文案写作与营销工作的职场人自我充电与升级之用，也适合对此领域感兴趣的一般大众阅读。

# 序

如果你不是职业写手，恐慌总会来得非常之快：要么是在构思时，要么是在开始动笔时，写不出来东西的恐惧感油然而生，双手凝固在键盘上。许多（或者说大多数）职业写手也会有同样的感受，在项目做到一半时会感到恐惧（“我为什么要答应写这个？”），在项目临近结束时也会感到恐惧（“可能没人读得懂我在说什么，但我已经不能再写了。”）。

大多数这样的恐惧源于我们的任务内容不明确。很少有人教我们如何写作，写作不像物理力学，也无法用一篇有五个自然段的论文说清楚。但是写作，特别是带有商业内容的写作，是一项有规律和方法可循的技术工作，和语法与力学无关，并且一切都要指向确认和满足阅读者的需求。有经验的写手即便没有意识到这一点，他们也懂得并且在运用这些规律和方法，然而其他普通写手想获得相关指导，或者职业写手想解释清楚他们脑中的写作方法，却都是非常困难的。

这是本书非常有趣的第一个原因。无论你是为大型广告营销代理公司工作的全职写手，还是在一个还不怎么赚钱的初创公司里挣扎的职员，本书都可以给你一个起点，帮助你解决一些有关网络领域写作的普遍问题，并且最重要的，本书将教会你一些一以贯之并可反复利用的写作方法。在本书中，你将找到针对写作调研、写作和修改等步骤的指南，以及一些关于如何能写得更生动、声音语气更合适的详细建议。同时，本书也将讨论一些即便是最有经验的写手也会遇到的古怪问题。比如，如何妥善处理大量出现的“我们”这个词，让行文不那么怪异；如何使用不让读者敬而远之的尴尬写法；如何选择使用法律合同里的大量奇怪字词。总而言之，作者凯特和妮可详细总结了我们中的绝大多数人只有通过具体实践自我领悟或者犯过错之后才会明白的那些东西。

这本书很有趣的第二个原因是，它坚定地相信：善良比技能经验更加重要，热情比聪明更加重要。所以，本书致力于为读者提供丰富的、充分考虑读者及其需求的实用建议，深挖这些建议的真实内涵，以及如何理解你的写作所针对的群体对象的文化、用语与情感。

凯特和妮可为许多有价值的和备受尊敬的公司写过文案。她们从丰富的经验中提炼出结论：写作要坚持做到内容清楚和保持善意，而这也让她们成为杰出的写作导师。她们努力总结出了一套条理清楚而全面、适用于所有项目的写作方法，让你写作时不用再难熬地计算字数，而是能够集中所有注意力在写作目标、读者和他们的需求上，让写作成为一个灵活的过程。

# 序

要达到高水平的写作是很困难的。但是，如果有一部良好的指南，这就会变得非常容易。我想不出有比这本书更好的写作指南了。

厄恩·基珊

（《内容战略要素》作者，“莱特-莫兹拉开放新闻”网站内容总监）

# 前言

## 风格很重要

你看不到你的读者，不知道他们阅读时感受如何，听不见他们的表达，也无法和他们进行眼神交流。所以，为他们写作是有一点困难的。

许多公司就败在这里。他们不知道如何像真实人类一样和别人说话，他们的文案内容是混乱的，对用户是没有帮助的，有时甚至是有冒犯性的。这是真实存在的问题，因为人们在网上有大量可以做的事情和可以阅读的内容。你需要让读者信任你。

在本书中，我们的目标就是解决写作过程中的难题，帮助你的网络写作更有用，并且更有意义。在这一过程中：一方面要提出正确的问题，要多多实践并大声阅读你的作品；另一方面，要根据读者需求来平衡写作目标。

不论你是作者、编辑、博客主、内容战略师、设计师、应用研发者还是小企业主，这本书都适合你。如果你是新手，我们将向你介绍哪些内容适用于网站；如果你是希望深化技能的有经验的写手，我们将帮助你扩大影响力，让你与读者的交流更加连贯顺畅。

在本书的章节中，我们将展示如何以一种连续的风格和明确的目的性来撰写网络文案。你要学习的是，如何规划写作项目，设定现实目标，以及如何朝着目标前行。你会学习如何根据场景变化调整写作风格和满足读者需求，并掌握有关写作的一系列规则，以及如何将这些概念传达给你的团队——同时，你也将明白何时应当打破这些规则。

本书不是一本手册、一本兵书，或一本练习册。我们要讲的，是我们多年从事网络文案写作积累的经验心得。阅读的时候，你可以随便跳到任何契合自己目前所处情况的章节。毕竟，所有的写作都不是线性过程，没有所谓的开始、中途和结束。

我们非常强调基础写作技巧、持续的练习，以及写作本身的价值。我们不会详谈比如内容战略、信息构建、最优化搜索或交互页面设计等相关原则，但是我们在“延伸阅读”里列出了一些我们喜欢的相关书籍。

语言是有力量的。你的语言可能让人产生高兴、悲伤、沮丧、自豪以及其他情绪。所以，无论你是不是写手，写作都是重要的。一天工作结束时，你也是一个会和旁人进行交流的人。你会希望交流时你是友善的，所以在写作时也要保持友善。尽管和读者隔着屏幕，你也可以做到这一点。这就是为什么风格很重要。好了，让我们开始吧！

祝写作愉快！

# 目录


第一章

写手都做什么 / 1

第二章

找到自己的方向 / 11

第三章

制订计划 / 29

第四章

写作的基础知识 / 48

第五章

找出你自己的声音 / 69

第六章

注意语气 / 79

第七章
打造读者社群 / 92

第八章
做好营销，但无需吆喝 / 111

第九章
敏感的话题 / 131

第十章
让流程“流动”起来 / 150

第十一章
修改过程 / 165

第十二章
写作格式指南 / 176

后记 / 193

致谢 / 194

扩展阅读 / 197

## 第一章

# 写手都做什么

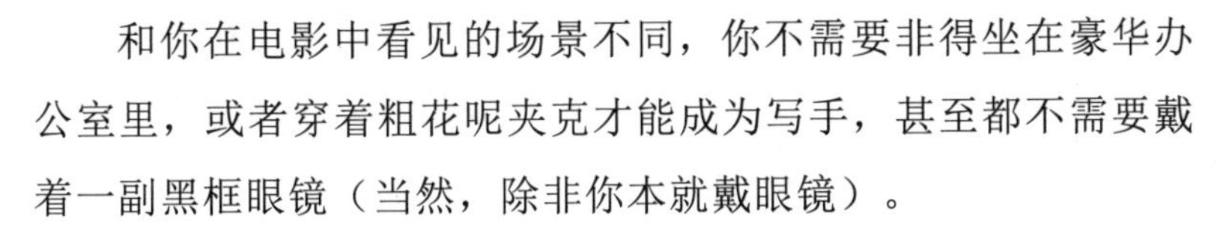

和你在电影中看见的场景不同，你不需要非得坐在豪华办公室里，或者穿着粗花呢夹克才能成为写手，甚至都不需要戴着一副黑框眼镜（当然，除非你本就戴眼镜）。

你每天都会和人交流，很和善地对待他们，和他们建立起良好的关系。当他们迷惑时，你会鼓励并帮助他们。你说服他们去做某些事情。你尝试在正确的时间说正确的话。而这些，都是从事网络写作必备的技巧——本书将向你展示，如何将这些技巧运用到写作中。

本章介绍的内容包括：

- 网络写作及其重要性
- 网络写手的角色
- 优质内容要遵守的原则
- 写作过程是怎样的

让我们从“内容”这个词开始。当我们在谈论网络文案或内容时，大多时候指的是网站上的文本内容。但在更广义上，我们可以把内容视为所有线上线下的、能帮到你的用户和促进你做成生意的相关内容。

## 一、工作性质的网络写作

你可能会写文章、博客、社交媒体发布的内容、产品说明、市场推广文案、客服说明、法律合同和页面交互信息。你可能还会写更多关于你自己的信息，比如如何联系你，以及你为何开始做这个生意。这些都是网络写作的内容。邮件和工作简报也符合网络内容这一定义，因为人们是在网上读到这些的，并且它们的撰写也遵循相似的规则。

在接下来的章节中，我们会带你一一浏览这些不同的文案类型。我们也会谈到有关如何写网站背后的文案，比如公司宗旨陈述、项目简介、写作格式指导指南，等等。这是你和用户交流的重要部分，并对其他地方的写作也有影响。

### （一）哪些地方需要写作

让我们来看看网络写作重要性最突出的那些场合，以及各自分别存在的一些挑战。整本书都将围绕这些主题进行阐述。

## ❶个人项目

如果你有一个简历资料本和博客，你应该已经明白，写作时要将自己的身心都投入进去。读者们期待你的内容会代表你本人、你的感受和你个人的兴趣。无论你的网络写作是不是商业性质的，你脑海中应该都有一些目标：或是提高你作为写手的影响力，或是更好地去理解读者。在个人网站领域，需要考虑的是如何让你自己为更多的人所知。你想讲述什么样的故事？为了更好地做到那一点，我们将向你展示如何让更多的人看到你的博客，如何和其他写手合作，以及如何以让你自己感到舒适的方式宣传你自己。

## ❷小型企业

如果你在小型公司工作，想必你每天都要撰写不同的文案。我们将帮助你以更系统的方式去撰写文案，如此你和用户的交流才会更加连贯和更可控制。在撰写小型企业网站文案时，从撰写公司目标和宗旨开始。在以后改进内容和拓展业务时，要牢记公司目标和宗旨。

## ❸自由撰稿

如果你是一名咨询师和自由撰稿人，你可能会在写作、编辑和向客户提出咨询的角色间不断转换。你要学会管理整个过程，包括从快速调研到总结出一套写作计划，以及亲自动手写作。在本书中你会学习如何获取反馈以及避免陷入工作阻滞，这些对于远程工作或独自工作的你来说是极为重要的。

### ❹广告代理公司

如果你是在广告代理公司工作，你可能会在为甲方撰写文案的同时，也在为公司撰写文案。你或许会有一个设计团队、一个项目经理以及一个战略团队来协助你。通过本书，你能够学会如何进行集体写作，如何为客户撰写表达清楚的文案。

### ❺初创公司

如果你是在一个初创企业里，你可能需要努力确认哪些内容是应该关注的。我们将向你展示如何保持你的写作有目的性、如何推广最新产品，以及在更宏观的流程中思考如何和客户交流。我们也会教你如何为应用程序撰写文案，以及如何撰写适合成长型公司的网页交互文案。

### ❻公司与非营利组织

在一个成熟的机构里，你或许没有太大改变做事方式的空间。你的一大任务，是努力适应公司的现有架构。你或许会经手将直接挑战公司底线的文案，或许有机会更新品牌说明和写作风格——尤其是后者已经过时的情况下。我们将教你如何和不同的受众沟通，并且将你的写作想法传达给团队其他写手，这样来让内容保持前后一致。在写作过程中，你的角色可能发生变化，并且可能还会相互重叠，但写作原则是相似的。

## （二）内容原则

优质内容是清楚、有用并且让读者感到友好的。它可以帮助你的工作朝着既定的目标前进，并且与读者直接交流。我们将逐一讨论所有这些原则，并在整本书中随时进行回顾。

### ❶清晰

网络上充斥着各种混乱的内容和混杂的信息。要从里面脱颖而出，一种方法就是努力打磨每个句子，杜绝模糊的概念、晦涩的术语和未考虑成熟的想法。要理解透彻你自己的写作主题，然后用尽量少的单词把它说清楚。这可能会花费很长时间。正如作家威廉·诺尔顿·辛瑟所说："一个清晰句子的出现绝非偶然。"[①] 但这么做是值得的。读者的时间和精力有限，而且可能供你发挥的文案篇幅也有限。要确保你的写作是有意义的，并能让读者迅速理解要点。

### ❷有用

发布的每篇内容都应该有目的性。在撰写一项文案时，请自问：它如何支持你的目标实现？它如何与公司的宗旨使命相符？它会教给人们一些新东西吗？选择读者关心的主题，而不要担心其他人都在写什么。也要思考如何传递信息。这篇博客文章有趣吗？在技术支持中心里有用吗？何时何地发布，和你

---

① 威廉·辛瑟．如何高水平写作（第七版）．纽约：纽约科技出版社，2006：9.

写什么同样重要。

### ❸友好

很少有公司会花时间让文案更友好。但是如果和我们一样，你也会希望读者明白，我们是真诚地在乎他们，在倾听他们。你的文案就是完成这件事的最佳场所。要让文案友好，有很多方法：选择最精确的文字、最合适的语调，以及最相关的风格。温暖、清晰的声音可以帮助读者找到他们需要的东西，并缓解他们的压力。友好的文字能让读者回头，甚至可能使他们微笑。

## （三）如何做到

当你面对一个新的写作项目时，可能会忍不住直接打开空白文档开始打字。这并非总是最好的方法。应该花一些时间考虑一下，你想达到什么样的效果，以及如何实现。创造优质文案是一项艰苦的工作，而且并非全部都要通过在电脑屏幕上敲字去实现。以下是一些可以去落实的良好习惯：

保持好奇心和耐心。这将帮助你对语言和主题进行长时间的认真思考，并可以用最友好和最清晰的方式传达你的想法。

记住，你是为真实的人而写。他们有感情，有需求，有忙碌的生活。从某种意义上说，网络是一种客户服务媒介。[①]客户可能并不总是正确的，但他们始终值得去体贴和尊重。如果

① 保罗·福特．互联网是客户服务中介．Ftrain 网站，2011. www.ftrain.com/wwic.html.

不想听起来像个机器人，在文案里你必须要有交流的感觉（有时甚至是有些肉麻的）。

认真聆听，要注意倾听同事和读者的反馈。随着读者人数的增加，这种想法使你保持脚踏实地。许多公司都在高谈阔论自己，很少关心其他人。这对公司没有帮助。思考一下你的读者希望如何听你说话，并与他们进行人与人之间的交流。找到一种听起来像是你在说话并且对大众有吸引力的写作方式。你不必一直做所有的事情，也不必看上去永远不会犯错。

习惯推销自己。市场营销会让人感到讨厌——让我们承认现实，市场营销的很多内容就会让人讨厌。但是人们很忙碌，并且有成千上万的其他网站可以去浏览。因此，如果你要在线销售商品，就需要使自己或公司脱颖而出。你需要告诉别人你在做什么，但是不必去作假——没人希望你这么做。如果你写作时真的带有兴奋情绪，那文案将大放异彩。

以周到和开放的态度创作文案，有助于文案清晰、友好和有用。现在，让我们全面讨论一下写作过程。

## （四）写作过程

每个项目都是不同的，每个团队也不同。写作过程将取决于几个因素：你要写的是什么，为谁写，以及如何让工作效果最好。大多数写作项目包括4个可重复的步骤，如图1-1所示。写作的过程往往是很混乱的，可能会时不时回到之前的步骤，具体步骤如下。

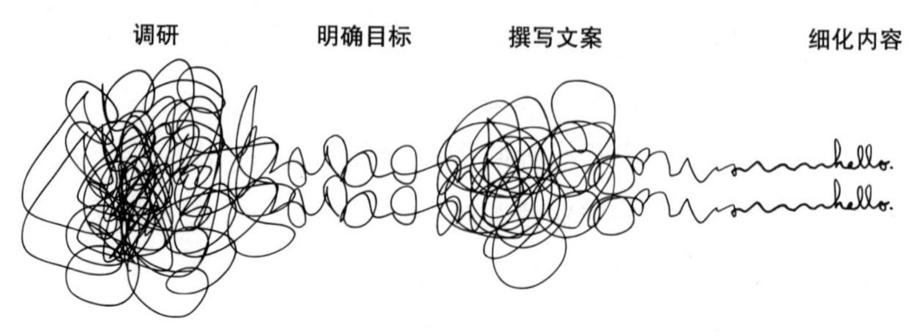


图 1-1　写作的过程

**步骤 1：调研**

如果你不知道自己在说什么，就不可能让内容变得清晰、有用或易读。因此，要从可靠的调查研究开始，弄清楚读者的需求和对你的期望，制定好短期和长期目标，通过记笔记和组织思想来提高写作速度。

**步骤 2：明确目标**

一旦开启写作项目，就要与团队一起阐明目标并制订计划，把想法和调研阶段所进行的一些采访沟通做个总结，从而达成有关该项目重要性的共识，协调好要写的内容，以及确定希望内容能达到什么效果。要设置好时间进度表，以实现这些目标，哪怕以后再进行更改。（我们将在第三章“制订计划”中对此进行讨论）

**步骤 3：撰写文案**

在弄清要说的内容之后，该坐下来写字了。尝试几种内容形式以查看哪种最有效。然后，修改草稿，直到可以发布为止。

检查是否有错别字、前后不一致和重复性的内容。删除对读者无用的所有内容。如果可以，将草稿给朋友或同事看，以获取他们的建议。（我们将在全书中提供一些练习以帮助你）

**步骤 4：细化内容**

一旦最后完成（太好了！），就该发布它了。但这并不意味着你的工作就完成了。要随时更新内容，并随着时间的推移进行修改。倾听朋友、客户和同事的反馈。最后要总结一下，看看模板、清单列表或格式指南对下次的项目是否有帮助。

写作是一个流动的过程。你可能需要更新现有的文本，删除过时的信息，或在线上添加新的内容。网络写作工具使你能够进行轻松修改，请充分利用。

## （五）“下风书店”示例

有很多好的和坏的写作示例，我们将和你分享其中的一些。但是为了使我们的这本书清晰、有用和友好，我们将在本书中使用一个想象中的儿童书店（见图 1-2）作为示例。（这不是一个真实存在的地方，但是我们希望现实中真的会有！）

“下风书店”有一些新出版和收藏的书籍，店长想通过网络销售其中一部分。书店需要在零售商店和网上商店之间搭起桥梁，但这里面有一些困难。

图 1-2 “下风书店”的门面

首先，人们如何找到下风书店的网上商店？书店可以告诉现有客户他们正在开设网上商店，但他们也想告诉生活在其他城市的人们。博客和新闻报道可以帮助他们发出声音。

其次，下风书店将如何向无法翻阅书籍的在线购物者描述他们书店所售二手书的状况？如果有照片、描述和备注（例如是否有作者签名）就会有所帮助。这些是很好的卖点。

最后，是什么使人们直接从下风书店的网站而不是其他地方购买书籍？强调商店的特别之处很重要。友好的页面文案也将改善消费者的购物体验。

这些都是优质写作可以解决的问题：促进市场推广，告诉人们你在卖什么，以及指导他们完成购买过程。在打造自己的商店时，我们要朝着这些目标努力。

# 第二章

# 找到自己的方向

回忆最近一次你从零开始做某事的场景，也许是在工作日的夜晚做饭，或者手工制作家具。无论何时计划一个项目，你可能都要考虑：要制作什么，用途是什么，需要做什么，以及如何将它们组合在一起。这种思路可以解决问题，我们每天都在这样做。但是大多数人并没有采用这种方式进行写作——从而使得写作的困难程度成倍增加。

无论是做菜、打造餐桌还是建设网站，都需要考虑目标和受众。在本章中，你将学习如何：

- 做高水平的调研以全面掌握信息
- 与同事、客户和读者进行访谈交流
- 了解你的听众并为他们选择有意义的写作主题
- 编写项目宗旨说明

这些练习将帮助你掌握方向，这样你就可以在读者需要了解的内容和你想要告诉他们的内容之间取得平衡。

# 一、做好调研

好的写作并非凭空产生。它需要时间，并且需要理由。在外人看来，写作过程很简单：进行一些研究，考虑要说的内容，写下来，修改，然后发表。但是，所有人都知道，想要将内容写得有意义可能很困难——特别是如果你不确定谁会读它。作家不是魔术师。单词“文字铁匠”（wordsmith）一词提醒我们：铁匠是将原材料锻制成有用形状的工匠，文字铁匠也是如此。

作为一名作家，你的初步调研应该能帮助你：

- 理解写作素材
- 确定你的目标和任务（目的）
- 与读者建立联系并满足他们的需求（读者）
- 决定如何与读者交谈（风格）

你可能需要好几轮采访和对话以集中决策选项，特别是在早期阶段。

## （一）学习

刚开始，要熟悉你手上的材料。做笔记并沉浸其中。你可能需要阅读特定主题的材料，或通过采访了解读者需求。如果你正在写自己喜欢的东西，请考虑为什么它对你很重要，以及它会如何帮助他人。如果要撰写有关产品或功能的文章，请先与团队中的专家交谈。要确定哪些是读者需要知道的内容。

你还可以查看其他公司如何阐述类似主题。看看它们使用什么语言，以及如何将自己和读者联系起来。你有什么东西可以让你的公司与众不同吗？在阅读时，请考虑它们的文案内容哪些有效、哪些无效。找到一种方法，使你的材料对读者有意义且有趣。快速的对比调研可以起到很大作用。

## （二）设定清晰的目标

可以加强文案力量的一件最重要的事情，就是设定一个清晰的目标。为什么这个主题对你和你的受众很重要？人们实际上需要什么？然后朝他们的需求努力。

如果你不确定为什么有人会访问你的网站，就请回想目标。同时你也要确定自己希望读者在你的网站上做什么。也许你想帮助他们学习新知识，或者帮助他们制定决策。当你知道人们需要什么，以及你想要他们做什么时，可以优先考虑这些主题，并跳过所有不值得你花费时间去做的主题。毕竟，你的写作对于你的企业和读者来说应该是具有实用性的。每次坐下写作时，养成思考自身目标和读者需求的习惯。

对于许多写手来说，调研是有趣的部分，你可以从中学习新事物，思考长期目标，甚至结识一些读者。但不能因此拖延你的项目进度。大多数情况下，调研能加快写作进度，因为它可以为你提供写作的基础，并且帮助你整理思路。你不用花上6个月时间来学习或制订全面计划后才开始写作，但你至少应该对你想写的主题有一点了解。

坚持向前看，向别人提问，思考你想表达的主题。我们的写作教程就从这里开始，并且贯穿全书。

## 二、进行采访

在你开始写作之前，请花一些时间来了解你的读者、同事和客户。无论你是公司新人，还是新加入项目的工作人员，访谈都是了解当前重要工作内容的好方法。

### （一）结识新朋友

优质的写作并非是独立存在的事物。你的文案作品需要和读者进行沟通，对他们进行指导，让他们读完后有心情愉悦的一天。事先多做采访，可以帮助你掌握并且实现他们的需求。

可以首先采访与你一起工作的人。比如，团队中的设计小组成员、项目经理或主要客户联系人。选择这些了解你的受众群体和所写内容的人员。根据所在公司的规模，你甚至可能要采访董事或首席执行官。如果你是自由职业者，那就与一些朋友或客户喝咖啡聊天，以确保你的写作计划能够满足他们的需求。

无论采访谁，进行这些对话的目的都是要了解他人的需求并使其在写作中得以实现。而且，从办公桌后走出来与人们进行交谈还有其他一些原因。

（1）达成共识。定期聊天和采访，将使你的写作与团队和客户保持思想和工作上的同步。通过收集人们的目标和意见，你不仅可以使对方感到自己被纳入项目实施过程，而且会感到你在坐下来动笔之前就在听取他们的反馈。

（2）推敲用字，采用清晰友好的语言表达。如果你公司的文案以一种文风在说话，而你的读者实际却是以另一种风格在说话，那你会在采访中就注意到这些差异并进行纠正。采访，可以使你的写作保持准确、坦诚和与读者密切相关，从而提高写作质量。

（3）改善写作过程。在实施一个新项目时，采访可以帮助你了解将要写的文案在发布过程中如何不断改进。你将了解到每个步骤由谁来负责，谁将批准你的初稿，以及发布它们的最好方式是什么。

**与 Pinterest 的蒂凡妮·布朗进行的内部采访**

蒂凡妮·布朗是旧金山 Pinterest 的文案团队经理。当她加入 Pinterest 时，她的目标是建立写手团队，为公司发声。但是首先，她必须弄清楚公司的声音到底是什么。她通过采访 Pinterest 的创始人、社群经理、设计师、研究人员和工程师，开始了她所说的“组织人类学”工作。她向他们提出了如下问题：

- 你如何形容 Pinterest？
- 告诉我 Pinterest 发生过的故事。我们是如何到达我们今天的成绩的？
- 你为什么喜欢在这里工作？是什么让这个地方与众不同？
- 当看到我们的公司徽标时，你会想到什么形容词？

这些对话帮助蒂凡妮理解了她团队中不同的人对公司的看法。她说："我最擅长的方式是先远观整体风景，然后再尝试将这些东西简化为概念。我会做大量笔记，然后从中提炼出每个人的共同感受。"采访和倾听是她写作过程的基础。根据采访中得到的内容，她开始改进 Pinterest 的对外发声模式与基调。与此同时，她的调研成果也让她更加明白如何让她的写作团队更好地融入 Pinterest 这个集体。

蒂凡妮想跳出写作团队，从外部视角进行观察，所以她采用的是 CEO 的思考模式。她说："我不得不非常严格地对待每天的工作。我努力对每个人都持有尊重的态度，学会在组织架构之内工作。"如果团队成员有分歧，她努力通过倾听、询问问题和让大家彼此理解——或者问题不重要时就向后推，以解决这些分歧。全面掌握信息让她充满洞察力并关注长期目标。她说："如果你是一名好的沟通者，一切成果都来自于沟通。一切都和如何进行最好的沟通有关。"

（4）寻找专家。在调研期间，你可能会发现，最好由对主题很熟悉的专家来打草稿，而不是你自己去尝试临时学习有关该主题的所有知识。在这种情况下，你主要担当编辑的角色，并在不影响你自己风格的前提下，让了解主题的专家在保持你的风格的前提下列出要点。

## 三、采访技巧

让我们看一下，要进行有效采访所需要的普遍技巧。

**（1）做好准备。**提前想好你想从采访中获得什么。这是一场简短的工作采访，还是你需要从对方那里获取大量信息？对话的最佳形式是什么？面对面采访很有用，但是有时你也需要通过电话或电子邮件采访某人。选择最佳形式将帮助你获得最好的采访结果。如果打算录音，请事先测试设备，并提前获得对方的许可。

**（2）从泛泛的主题开始。**写下一些问题，然后像自然对话一样流畅地提出来。你的目标是了解他人的需求和观点，以便在写作时围绕这些内容来写。从泛泛的主题问起。以下是一些示例：

- 你想要达成什么目标？
- 文案内容如何支持你和你的目标？
- 你对这个网站有任何疑问吗？还是你想看到一些变化和改进？
- 目前什么内容有用，什么内容没用？

（3）**尝试使每个问题都保持中立和开放。**修改任何一个带有倾向性的问题和能用简单的“是”或“否”回答的问题，给你采访的人一个机会，让他们能做出让你感到惊喜的回答。

（4）**保持交流性。**当依据事先准备好的提问清单提问时，让对方思考并给你提供完整的答案。可以有一些尴尬的沉默时刻。你时不时可以插话，帮助他们进行思考，但是不要替他们说完句子。一次好的访谈更像是一场对话，而不是问答。做好采访会偏离问题清单的心理准备。最重要的，是向对方显示你在倾听。

（5）**保持简短。**把采访规划在 30 ～ 45 分钟内。如果你认为需要更多时间，可以将采访分为两个环节，以使你能充分吸收对方说的所有内容。在整个写作过程中，你都需要进行调研和采访，所以不要试图一口气完成所有调研。《写作改变世界》一书的作者玛丽•皮菲尔曾表示，对她来说，采访不是线性过程：

> 一开始，我经常会进行一些采访以统观全局，然后进行其他一些采访，以确定细节或填补空白。写作快结束时，我常常需要搞明白一些更复杂和更受关注的问题，所以我常常在最后一刻还会安排一些采访以获取答案。[①]

你可以亲自或通过电子邮件跟进后续采访。

（6）**告诉受访者后续进展。**在感谢对方腾出时间接受采访后，要让他们知道后续会怎样进展。你是在收集背景信息，

① 玛丽•皮菲尔 . 写作改变世界 . 纽约：里弗黑德出版社，2006：129.

还是准备写草稿了？你会在更新网站之前采访其他读者吗？让受访者了解你的工作，并让他们也向你提问。在采访开始和结尾时花点时间回答他们的问题。

**同乔迪·里欧进行的访谈**

乔迪·里欧是Imprint产品和设计负责人，之前曾担任UX杂志Peters的主管。她分享了以下这些奇妙的技巧，以帮助你了解读者——无论你是进行采访、发布调查问卷，还是在私下进行随意交谈。她说："当大多数人试图使真实的行为和动机降至最低时，他们便开始各种虚构了""如果你的设计不以与真实的人交谈为基础，那么你就会冒着吸引谎言的风险，而谎言会带来另外的谎言。"

为了使工作立足于现实，乔迪会与用户交流，并根据他们的反馈来更新网站。以下就是她处理这些采访的方式。

**通盘考虑**。考虑产品和服务最重要的方面。有哪些主要部分或功能？它们对你的读者意味着什么？乔迪说，大多数人在采访之前都跳过了这一步，但重要的是，你要提前知道自己想要了解什么。

**查看他们的喜好在什么地方**。去探查读者如何与你提供的信息进行互动。例如，对于食品类出版物，你可能需要回答以下问题：

- 读者对食品的看法和感受如何？
- 他们想从食品网站获得什么和需要什么？
- 他们如何与食谱和其他食品文案打交道？
- 他们的目标是什么？他们在进行调研、规划活动、阅读还是仅仅为了娱乐？

查看适合你切入的角度，并在编写文案时记住这一点。

**让他们给你讲故事。**询问人们他们是如何知道你的产品的，但请谨慎提这个问题。不要问“你会在Google上搜索关键词‘有意义的礼物’吗？”而要使它变得更加中立，例如：“你认为纪念品是什么？”“你会送给别人有意义的礼物吗？”尝试让读者给你讲述他们自己的故事。你可能会通过询问来了解到一些东西，甚至激发读者的表述欲。如乔迪所说：“人们常常只是忍不住希望你能倾听他们讲述在网上的所见所闻。”

## 四、认识读者

如果你能采访读者，你就会对他们的需求有深刻了解。但是如果你无法与他们交谈，就必须对他们的需求做出一些有根据的猜测。让我们通过一些练习来帮助你做到这一点。

## （一）定义你的受众

想知道如何满足读者需求，是你来读我们这本书的主要原因。但读者到底是谁？如果你与客户或同事一起工作，就花点时间研究不同的受众类型，并定义你想要吸引的对象群体。

思考一下你的写作目标，以及你的公司与用户群体的关系。谁会定期使用你的网站？对于下风书店，最明显的答案是：在网上购买儿童读物的人。但是，让我们更进一步，我们可以把注意力集中在几个受众群体上，将其分为主要和次要类别。下面是一个例子：

**主要受众：**孩子和他们的父母

**次要受众：**祖父母、老师，以及收集儿童读物的人

我们也可以通过更详细的属性设定来完善它。也许我们想关注某个特定城市或州的家庭，或者 12 岁以下的孩子。

思考一下读者的共同特征和人口统计图样，也思考一下他们的受教育水平、地理区域和经济状况。他们是否精通网络，或者他们对网络的熟悉程度是否不同？调查他们经常使用的设备和网站，以及他们对你所撰写主题的熟悉程度。

每当要对读者做出种种假定时，不要顺着你自己的写作目标和生活体验。要考虑不同的人如何使用你网站的不同板块频道。例如，使用下风书店，结账页面可能可以帮助成人完成支付，但网站主页和书籍描述也可以很有趣，并且对孩子们很有吸引力。请记住，不同的人有不同的需求和感受，并且这些情

况会根据情况而变化。考虑你的受众和他们的共同点（或差异点）的目的，是帮助你描绘他们的画像，并在写作时牢记这些要点。

## （二）写信给你认识的人

下次你计划一个大项目时，尝试根据你现实中认识的人来列出要涵盖的主题列表。我们写这本书就是这么做的。我们为此花了大概两小时——如果像我们一样，你也需要准备记号笔、便签和休闲零食。

### ❶列出要点清单

我们首先要问自己，这本书为什么重要，以及我们希望读者从中学到什么。我们在蓝色便笺上写上了每个能想到的想法，直到灵感耗尽为止。然后，我们将有关联的想法归为一组。这些组类各成一章。接着，我们在黄色便笺上写下了暂定的章节标题，并将其放在相应组类的旁边。

### ❷记住你的受众

接下来，我们讨论了有需要时会自己撰写网络文案的各类人群。我们考虑了他们有哪些共同点，以及他们之间的需求有何不同。我们将其范围缩小到六个角色：作家、编辑、博客作者、小型企业所有者、开发人员和设计师。然后，将这些角色写在红色便签上。

### ❸找一些代表人物

最后一步，我们为每一个红色便签上的角色找了一个代表人物。我们挑选了一些在现实生活中认识的、属于这种角色的人，并写下他们的名字和职务，例如：薇薇安，小型企业主。

然后，我们回顾了各章，讨论了我们想和以上每个人探讨的主题，例如：

*薇薇安能从这章中得到什么？*

*写作语气和语调如何帮助莱斯利写作？*

*是什么让乔迪对自己的写作充满信心？*

当我们给每章撰写大纲时，我们确认每章能满足对应人员的需求和他们对自己的期望。完成后，我们将进一步细化的大纲组织成章节。这能帮助我们顺利开始写作并将所有内容联系在一起。在撰写长文章时，你也可以通过同样的做法使你在写作时专注于受众需求。

## （三）编写宗旨宣言

现在，你对自己的工作以及在为谁写有了更好的了解，下面我们来谈谈你最大的目标：你公司或项目的宗旨。

公司或项目的宗旨是你工作的动机。它可能是一个崇高的想法，例如你为何创办公司或者你为何要坚持经营下去。所以，在宗旨宣言中谈论你的团队、博客或特定项目的初始目的，可能很管用。有意义的宗旨说明可以帮助你更好地扎实工作，并与其他人分享你的价值观。

如果你在一个团队里，则可能需要协作写作，这会为每个相关人员带来挑战。当几个人给同一个网站写文案时，彼此之间可能会互相矛盾或用有差别的方式谈论主题。但是如果每个人都在明确的目标和风格指导下朝着公司的宗旨使命方向努力，写作自然会清晰地反映出这一点。

公司宗旨可以像商业规划指导产品决策一样指导你的写作，你可以随时回顾它并保持写作进度。根据你的工作性质，你可能会称宗旨为“品牌策略”或“目的说明”，但这些不是平常所说的营销标语或营销信息，我们将在本书的后面再介绍。而且，我们说的不是你在一般公司网站上看到的那些含糊单调的宗旨说明。比如这种，你知道的：“我们是行业领导者，致力于改善客户的生活。我们的公司为处于各个阶段的企业提供一系列创新解决方案。诚信、成功和珍视价值。”诸如此类。

## ❶现实世界中的例子

让我们看一些有关流行品牌的示例，阅读每个示例的时候，想一下你喜欢哪些，不喜欢哪些，注意每一个单词或图片。其表述是否与你对他们公司的印象一致？

### 示例一　《纽约》杂志

充满热情与怀疑。《纽约》杂志着迷于新事物、新现象和下一波的流行趋势。《纽约》杂志是沟通读者与新潮思想的桥梁，向读者提供品牌介绍、产品展示和服务，帮助他们生活得更好，并成为社会文化交流中最活跃和最具影响力的参与者。

**示例二　记事报出版社**

书籍拥有持久的魔力和重要性，我们的目标是撰写和发行杰出的作品，这些作品的精神、创造力和价值能获得当下社会的迅速认可。在此目标驱动下，我们还努力维护与客户、作者、供应商和同行的业务关系。

**示例三　“慈善：水”组织**

“慈善：水”组织是一家非营利性组织，为发展中国家的人们提供清洁安全的饮用水。

**示例四　星巴克**

我们的使命：激发和培育人类精神，每次只精心服务一个人、做好一杯咖啡和服务一个社区。

**示例五　TED**

我们的使命：传播思想。

**示例六　谷歌**

谷歌的使命是梳理世界各地的信息，并使其可被查询并发挥用处。

这些声明在不同的层面上起作用。TED的灵感最鼓舞人心，而谷歌的灵感则更简单。“慈善：水”组织最实际和具体。如果最终没有“一次一杯（咖啡）”这句话，星巴克宗旨里“激发和培育人类精神”这句话将无法传递清晰的形象。《纽约》杂志的声明体现了纽约市的精神。记事报出版社使用了一个特别令人难忘的词：魔力。

## ❷谁、什么以及为什么

一个好的宗旨宣言，会既实用又有雄心地回答这样的问题：

- 是什么使我们与众不同？
- 我们该怎么做，以及这种做法为何重要？
- 我们正在解决什么问题？
- 我们的思想是什么？
- 如果我们成功了，那么未来 5 ~ 10 年内的社会将有什么不同？

思考一下你如何撰写自己的宗旨宣言并将其变为现实。首先，写下以上问题的答案。然后，将答案组合成一个连贯的句子或段落，并进行精简，删除不正确和不重要的单词和表述。把它们简化为几句话。每个字都要有意义，因此请锤炼每一个字，并确保语句能准确地描述你的品牌或项目。不要承诺得太多。你的使命宣言应鼓舞人心且真诚，为以后的沟通定下基调。

## ❸用填字游戏撰写项目宗旨说明

如果需要帮助，不妨试一试填字游戏。写下一些可能适合你的基本的句子结构。如果它们能直接表达清楚意义，那就可以拿来用了。不用担心措辞确切与否。我们可以用以下句式：

我们为（名词）提供（复数名词）。

我们帮助（名词）做（动词）（副词）。

我们希望将（动词）（名词）转换为（动词），以便他们可以（动词）（副词）。

接下来，用适合的字词和短语填充空白。你可以在白板上或在大桌子上的练习本上进行此练习，每个字词都可修改。

让我们来看一个有关下风书店的示例。以下是一些可以用来描述受众的名词：

读者

孩子们

儿童们

人们

消费者们

这里面哪个合适？由于下风书店主要面向儿童，因此前三个似乎是最合适的。让我们继续填充“我们希望……”这个句式。你可以说：

我们希望激发孩子们阅读的爱好，使他们能够充满好奇心地生活。

还不错。这个版本说明了我们想要实现的目标和原因。你可以添加更多富有个性特征的细节，例如地区或年龄段：

我们希望激发各个年龄段的孩子阅读的爱好，使他们过上健康、充满好奇心的生活。

开始有点热身感了，但我们还是需要去掉一些元素。一旦找到了正确的方向，就去进行打磨和精修。让我们把一些不重要的元素砍掉，并且加上一两个更加具体的例子：

我们希望帮助孩子们发现阅读的乐趣，怀有好奇心地生活。我们提供的每一个产品，从亲手选择的精品书籍系列，到每周活动，到夏季阅读营，都让我们距离我们的宗旨更近了一步。

差不多更像样子了。不用追求完美，但是应该和你的价值观一致，并且带有你的口吻。完成后，它们应能让你充满自豪地打印出来，然后贴在桌子上。

一些公司把宗旨宣言发布到网站上，但我们建议把它当作一种内部工具来使用，可以将其用作淡化处理后的市场营销信息，但对象是公司员工，而且后者应该是最能受益于宗旨宣言的群体。如果公司服务没有达到宣言所承诺的那样，那就会遭遇顾客的挑剔和嘲讽。无论你是将宗旨宣言公开还是用于内部材料，都应该将其作为文案写作的指南针。

## ❹保持平衡

当规划好一个写作项目并且决定好任务的优先顺序后，在你自己的宗旨使命和读者需求之间找到平衡，并在写作时努力保持这种平衡。

一些情况下，在实现你自己的目标、用你的口吻和语气写作之前，可能需要先实现一些低层次的目标。即使还有一些事情没弄清楚，但还是可以动笔。和周围人的沟通是一个持续的过程，要将此牢记在心，并定期回顾你的目标。

# 第三章

# 制订计划

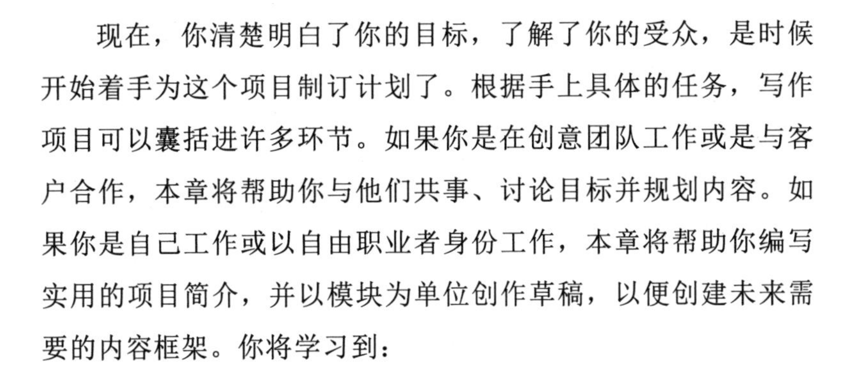

现在，你清楚明白了你的目标，了解了你的受众，是时候开始着手为这个项目制订计划了。根据手上具体的任务，写作项目可以囊括进许多环节。如果你是在创意团队工作或是与客户合作，本章将帮助你与他们共事、讨论目标并规划内容。如果你是自己工作或以自由职业者身份工作，本章将帮助你编写实用的项目简介，并以模块为单位创作草稿，以便创建未来需要的内容框架。你将学习到：

- 弄清楚并概括项目目标
- 在开始撰写之前，统一团队所有成员思想
- 撰写项目简介或交流方案
- 为读者选择文案类型
- 以模块化方式完成写作

这些技能将帮助你保持项目顺利进行，并为撰写网络文案做好充分准备。

## 一、阐明目标

目标，对不同的人而言意味着不同的内容。你可能有特定的目标，例如想要在一个月内销售10 000个产品，或将读者人数增加10%，或在本季度末筹集25万美元的捐款。你可能有一些软性目标。例如提高市场对你的品牌的认识，或反击人们对你的误解。你的读者也有目标。

以同样的方式启动每个项目：做调研，然后弄清楚你想要什么，以及你的内容如何实现该目标。也许在接下来的几周内你需要使用事先编好的手册《写作格式指南》，或者你希望建立一个编辑流程来确保每月定期能发表新的文案。也许你正在重新设计一整套网站文案或发布新闻通讯。这些都是一名写手可以实现的目标。

经营一个成功的企业或网站，则需要许多不同的技能和个性类型。你的团队内部或你与客户之间可能会存在一些天然的紧张关系。例如，在一家大公司中，技术人员通常专注于更快更高效地工作，而写手则需要时间来思考和打磨每份文案。这种反差是一个积极的迹象，这意味着每个人都在认真工作。但是，在开始写作之前，请仔细研究这些情况，以使你自己知道该如何进行工作。

## （一）撰写目标说明

一旦有了目标，就可以将其具体化为文字。目标说明对任何作者都是有帮助的，它们可以使你的团队团结起来。即使你是一个人工作，编写目标说明也是使你的大脑能围绕项目运作的好方法。以下是一些这样做的技巧。

（1）**具体。**弄清楚如果你从事这个项目，你的网站将发生什么变化。你的目标必须为人们带来一些具体且易于被理解的意义。如果你需要再说清楚一点，就说明为什么这个目标对你的业务和读者很重要。说明里要包括最后期限或时间进度。

（2）**切合实际。**选择可以与团队一起实现的目标。确保每个人也对计划感到满意。如果你的目标不切合实际，那么你将无法实现目标，而这也和一开始的写作初衷是相悖的。有一个目标可以帮助你保持动力并逐步取得进步。

（3）**添加数据指标。**尽可能包括资金数量、客户数量，或其他数据。指标可以帮助你随着时间的推移跟踪和权衡写作内容。

强有力的目标说明能对外说清楚你在做什么，并帮助你了解自己在做什么。以下是一些示例：

在接下来的6个月中，我们希望将捐款数额提高30%。

在接下来的6周内，我们希望通过此链接将新订阅人数增加5%。希望使该网站在接下来的12个月中，成为受众群体的最佳访问资源。

开设网上商店后，我们希望在两周内售出价值 2 500 美元的图书。

请保持内容简洁，但不要删除任何重要细节。你可能会有多个写作目标，请根据需要编写尽可能多的目标声明。

## 附：对科里·维豪尔的采访

科里·维豪尔是位于南达科他州苏瀑县的在线营销设计公司 Blend interactive 的用户体验战略师。他的角色融合了写作、内容战略和信息建构等职责。作为咨询师，他视自己的角色为宣传者。鉴于工作涉及写作、推广、设计和项目规划，他习惯于在每个项目开始前和客户一起开个会。

科里通常会邀请团队的全体成员坐下来，讨论项目的目标和受众群体。一开始就让所有人聚在一起讨论，可以让大家的思想保持一致，并讨论出具有实用性的项目规划。“我们之所以称这一过程为集体工作室模式，是因为我们想请我们的客户来参与这项工作。”他说，“我们捕捉他们的想法，构建能将其落实为内容的写作过程。”他喜欢让过程中的每个人都参与进来：作家、设计师、市场经理、商店经理，甚至是 CEO。

在达成一致目标后，科里会弄清楚他们拥有哪些技能，他们如何创造内容，以及他们最喜欢整个过程的哪些部分；接下来，他们制订了实现目标的计划，其中可能包括增加写手，改变发布过程，甚至调整定期发布的文案类型。这些变化可能会让人感到有压力，甚至重新定义某人在公司里的角色，所以他努力做到富有同情心和给人鼓励。他使用让客户感到舒服的说话方式。“我们竭尽全力去落实我们在会议和研讨中谈论的内容，并让它们符合客户在自己公司或工作流程中使用的语言体系。”“我们在做的是，与人共事以建立更多的合作关系，并建立他们知道如何反馈的工作体系。”以团队形式讨论内容和网页文案目标能让你实现这一点。

## 二、概述计划

你或许需要在详细的文件中，而不是在一篇短小的目标说明中概述你的目标和受众需求。这些类型的文件具有不同的名称，例如意向书、创意简报、交流计划和研究摘要等，但它们都具有类似的目的：概述你对项目的了解。为方便起见，我们将其称为项目简介。你也可以用任何其他的命名，只要你自己能明白。

项目简介概述了你的目标和实现目标的计划。你可以使用此文档来帮助你的团队为网站的重新设计做准备，或者详细说明为什么要开启博客，也可以使用该文档来总结为客户撰写的内容调研成果，与团队分享编辑建议，或者为下一阶段的工作做准备。许多客户希望你在开始撰写之前先给他们做一个简短的介绍。一份好的项目简介应阐明该项目的主要内容、启动原因，谁将从中受益，目标是什么，涉及的对象。它还可能包含一些注释，这些注释可能会减缓项目进度，例如需要雇用某人，或更新网站以容纳新的文案类型，为受众列出最重要的要点。就像“简报”这个名字所说的那样，其篇幅应该简短，以便于客户和团队成员消化。

写这个由很多部分组成（但不一定有很多页）的文档的目的是使每个人都尽快赶上项目进度，或者说服他们认为这是值得做的。与你的团队合作编写，尤其是在广告代理公司环境中，这可能是有意义的。你可以让团队中的成员一起写某个部分或讨论该计划，然后让一个人写整个内容。

## （一）编写项目简介

简介应该是一个简单的大纲，这样能迫使你组织思想，以便团队成员可以此为遵循。

### ❶项目摘要

用几句话介绍该项目，形成最重要的观点，包括你要尝试做的事情，为什么重要，以及你想达到的目标。注意需要做出所有决定，包括后续步骤列表或未解决的问题。如果该项目已经在进行中，请总结你到目前为止所获得的经验，或突出显示你对下一步工作的建议。

### ❷目标

在此处列出每个目标说明。你可能需要区分开针对业务、网站和内容的不同目标，将其单独成章。记住，要切合实际，并且如果有数据量化指标的任务，要将其单独列出来。

### ❸受众

总结一下你对读者的了解。他们想做什么？他们需要什么？具体说明他们的兴趣和受众特征。说明你的写作可以如何支持他们的优先需求。比如一份关于下风书店的项目简介可以说该网站适用于父母、老师、孩子和祖父母，而这些读者有时还会有不同的需求。如果你是为国际读者写作的，那么也可以重点突出和翻译有关的特殊注意事项。

### ❹文案类型

列出与此项目相关的不同文案类型，例如博客文章、市场营销文案、产品说明或帮助文档。要包括每个类型的篇幅大小和目的等详细信息。如果你需要图片等其他设计元素用于任何文案类型，标记出来。（我们将在本章后面更详细地讨论文案类型）

### ❺主题示例

列出你将定期讨论的特定主题。这些主题应与你的目标和使命联系在一起。该列表不需要完整，但是应能帮助你的团队了解你打算撰写的内容。例如可以列出，下风书店的博客上可能有的新专题，并定期发送有关当季商品、读书营活动和其他活动的新闻邮件。我们还可以看到，这些邮件主题也可以进一步包括阅读、亲子活动和童书历史，等等。

### ❻营销信息

在项目简介中添加有关你的产品、服务或网站重要性的详细信息。你不用逐字逐句传达这些信息，而是可以将其概括为几个要点。如果你能看看竞争对手的简介内容或其他一些能给你灵感的网页，你就会发现概括写作与逐字逐句写作这两种写法的不同。（有关市场营销信息的更多信息，请参见第八章——做好营销，但无需吆喝）

### ❼格式注释

如果你想特别强调格式，或者向团队成员建议应该采取何种格式，请在简介中添加这些说明。例如，如果是写博客，你可能会告诉写手，相比“客服帮助”版块的内容，博客写作不应该太正式，并且如果你习惯用句子当标题，那么他们也应该那样写。

### ❽技术因素

如果是为了支持项目整体的写作计划，则可能需要在系统层面上进行一些重构和改变，例如需要网站开发新的内容管理系统等技术因素。你可以在简介里说明文本如何随之进行改进。

### ❾项目计划

概述工作计划。说明你将如何以团队合作形式实现这些目标，包括有关后续步骤、截止日期和阶段目标的详细信息。详细说明如何利用现在的时间和资源来打造内容。如果是一个大型项目，你可以把任务分解到每个团队成员身上，并说明他们的职责。如有必要，确定好审查草稿、生产或设计的时间表。如果阶段目标可能改变，请在此处说明。向人们展示他们在项目中的进度位置，以便他们知道接下来该做什么。

## （二）项目简介示例

让我们看一个来自下风书店网站开发的新网上商店的示例。

下风书店：启动线上商店

### ❶项目简介

下风书店已准备好在互联网上出售最新和罕见的儿童读物。我们想建立一个网上商店，并在 10 月 1 日启动。我们的计划是从一家简单的商店开始，随着在线销售量的增长，添加更多产品。

### ❷目标

（1）在启动之前，我们希望激发人们对新网店的兴趣，并请客户告诉他们的朋友。

（2）开设网上商店后，我们希望在头两周内售出价值2 500美元的图书。

■ 在头6个月内，我们希望将整体销售量提高15%。

### ❸受众群体

（1）主体：儿童及其父母。

（2）其次：老师、祖父母，以及儿童图书收藏者。

我们希望能够提供印刷清楚、内容易读的书籍，使客户可以顺利找到优质的图书并轻松结账。

### ❹需要撰写的文案内容类型

营销信息；书籍说明；活动描述；博客文章；电子邮件通讯；联系信息；“关于我们”页面；线上商店界面文本；运输和销售政策；客户服务信息；Twitter内容。

### ❺博客内容样本和电子新闻通讯主题

新商品消息；店内独家商品；即将举行的夏季阅读营店内活动；当季销售；有关阅读、识字与儿童读物的有趣文章。

### ❻营销信息

（1）主要信息：我们会为你精心挑选每本书，因此你不用再操心了。

（2）次要信息：我们已经经营了10年，完全值得信赖。

### ❼技术因素

我们希望将新的网上商店与原网站融合在一起，风格保持一致。

开局不错。这个摘要能帮助你继续着手接下来的内容，还可以帮助设计人员或开发人员了解你想要在网站上实现的目标。

每当你编写项目工作说明时，请你的团队在最后定稿之前给你反馈。在大多数时候，这种内部传阅的文件，可帮助每个人在项目开始时就将想法汇集在一起。但是，如果你打算将其作为项目运作指南或工作参考信息，请在项目进展发生变化时随时进行更新。

## 三、开始动笔

一旦明确了目标，并且团队中每个人想法都一致了，就该开始写作了。在本章的其余部分，我们将讨论起草过程，该过程包括如何选择文案类型、起草大纲和创建草稿。首先，让我们从选择文案类型开始。

### （一）选择文案类型

有些项目仅着眼于一种文案类型，例如博客文章或市场营销文案，而有些项目包括多种文案类型。每种文案类型都有不同的目的和格式。你发布的内容是什么，取决于你的业务范围、受众群体和目标。

表 3-1 包括了不同类型的文案。在接下来的章节中，我们将介绍其中的大多数内容。

**表 3-1　网络写手接触的文案类型**

| 需要进行编辑的文案 | 文章、博客发帖、调研材料 |
|---|---|
| **市场营销文案** | 营销页面，邮件新闻，公司简介，产品和活动说明，推广文案，案例研究和客户案例，新闻发布材料，白皮书，社交帖子，广告 |
| **界面交互文案** | 按钮，链接，导航标签，产品导览，产品说明，确认消息（订阅、取消订阅、保存更改），警报，错误消息，交易邮件（订单确认、收据、发票），流程说明，表单，应用程序通知 |
| **用户生成的内容** | 评论，评分，体验，案例，背书 |
| **客户服务内容** | 联系表格，电子邮件和模板回复，服务中心文章，指南和操作方法，技术服务文案，常见问题解答，警报，停机通知 |
| **服务政策和法律合同** | 服务政策，隐私政策，告知，合作伙伴和供应商协议，社区准则，账户关闭消息 |
| **内部交流** | 电子邮件和备忘录，员工准则，培训手册，提案和建议，项目简介，格式指南，品牌资产说明 |

让我们找出对下风书店有意义的内容。对于线上商店的启动，我们希望人们购买书籍并报名参加活动，因此我们需要在网站上突出显示这些项目。有关书籍和活动的描述将帮助我们做到这一点。我们可以通过博客文章、电子邮件新闻稿和一般的营销文案（例如快递优惠和节日促销）来推广网上商店。我

们还可以偶尔发布 Twitter 更新，因为一些客户也喜欢了解店内特价的消息以及即将开展的活动。

为了向新客户介绍这家商店，我们可以在简短的“关于”页面上将我们的联系信息放在页脚中。由于这是网上商店，我们需要撰写商店网页页面上的文本，以及快递政策、销售政策和其他支持信息。

以下是这些文案类型的简单摘要。

### ❶市场营销文案

商店特色书籍（书籍说明）

特色活动（活动描述）

销售和促销文案

新闻内容栏和注册表格

博客帖子和社交媒体帖子

### ❷界面交互文本

支付文本

确认信息和错误提示信息

转向“关于”、博客和线上商店的链接

### ❸服务、政策说明和其他信息

联系信息

“关于”页面信息

服务信息

售卖与快递信息

现在，让我们将这些内容填进一个粗略的大纲里。

## （二）组织想法

你不能一次写完所有内容，选择有代表性的页面或文案类型开始，将写好的笔记聚在一起，再为自己创建大纲。可以将其视为提炼过的要点提示清单，以帮助你组织思想和整理作品。

在较小范围内，你可以就一页或一篇文案拟定大纲；在较大范围内，你可以为主页、营销文案或整个网站拟定大纲。一开始，可以先列出一个个单独的要点以及你想要涵盖的文案类型。

以下风书店为例，我们来给它的主页列一个大纲。我们无需在首页就列出所有内容，只关注一下最重要的部分即可。把所有次要信息放在每一页的页眉或页脚，比如导航链接或联系信息。以下是一个简单的大纲示例：

页眉：下风书店，导航链接（关于、博客、商店）

店内的特色书籍

即将举办的活动

页脚：地址，联系信息，新闻栏

我们可以突出显示一些重要信息。保持大纲简单易读，让大纲能切切实实转化为可上手的工作。

## （三）勾勒大纲

为了让内容更加结构化，实现模块化写作是一个好办法。把每一段和每一部分视为一个模块分开来写，边写边想。模块化写作让你一次只关注一个主题，并且可以随时推倒重来。这也能让你的团队有更多空间去进行创造。

在抽象层面，网络内容是由许多不同的模块组成的，下面我们按照从小到大的顺序列出它们：

- 字母
- 单词
- 句子
- 段落
- 章节
- 文章
- 页面
- 流程
- 网站
- 体系

就像一组俄罗斯套娃，每个模块都隶属于一个更大的部分。图 3-1 展现了这些模块如何在展现不同设备页面的草图中互相联系起来。

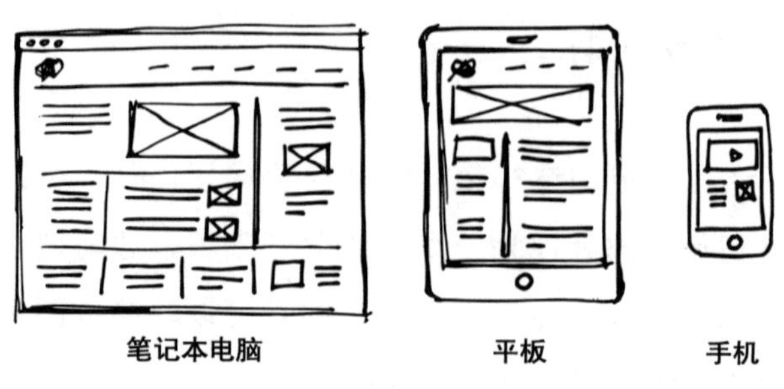


图 3-1　模块草图

图中，每一张草图都呈现模块以不同的顺序和组合排列。具有同样优先级的模块就并排放置在一起。

如此写作可以让你更有计划性。就这样简单地弄，没必要弄得太过炫目。

用随意的线条和形状画出草图以呈现你的大纲。根据可用的空间大小以及读者需要了解的信息，想象一下每个模块需要多大的区间。如果一个特定的板块需要有图片和链接，就把这些图片和链接也画下来。

绘制这样的草图有助于推进你的写作。如果面对一张白纸，人是会踌躇不前的。所以，你需要一个起点。不要着急格局设计或最后的顺序。绘制草图的目的在于让你能够有一个视觉参考对象，这样在写作的时候可以随时参考，而不需要一下子在脑海中竭力记住每一个要点。

对于次要或者没那么重要的信息，就给它们少安排区间，或者往页面下面放。以下风书店为例，举办的活动对于网站来说就没有那么重要。这一块可以放在“特色书籍”区域后面，因为特色书籍才是业务核心。我们需要介绍商店并且向读者展示精美的儿童书籍。图 3-2 展示了这样一个模块。

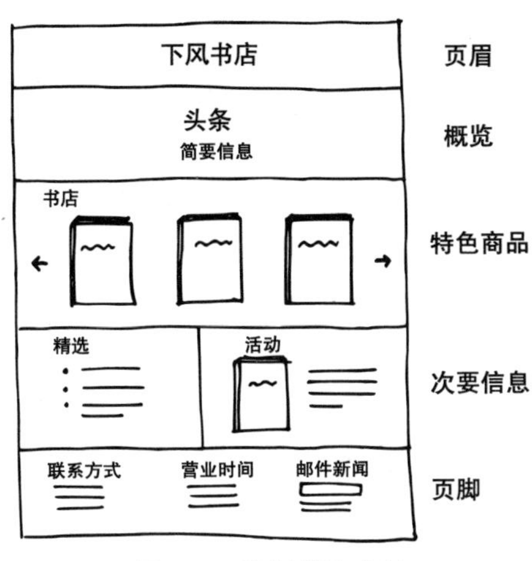


图 3-2　绘制模块方法一

再强调一次，这只是写作计划，而不是网页内容的实际布局。写下重要的信息，并按逻辑进行排序，有助于写作相关文案。

## （四）撰写粗略草稿

现在你对下风书店的主页该怎么写已经有了一些泛泛的想法，可以开始绘制草图和打草稿了。当你为自己的网站打文案草稿的时候，最终获得的常常是一些塞满文字和符号的文案草稿。对于下风书店而言，我们可以这样做：

**下风书店**

- 博客
- “关于”页面
- 商店
- 宣布商店启动的简要说明

**商店特色书籍**

- 书籍一，书名，作者
- 书籍二，书名，作者
- 书籍三，书名，作者

**即将举办的活动**

- 活动一，日期，标题
- 活动二，日期，标题

**下风书店**

- 参观线下商店：宾夕法尼亚州匹兹堡市爱丽斯沃斯大街111号
- 营业时间：周一到周日，早10点到晚8点
- 每周新闻简报

从这里开始写文案是一个很靠谱的起点。然后，你可以开始撰写单独的模块并填充细节了。如果你和设计师合作，可以将这些和他们共享以便他们开始设计网页格局。另外有用的一

点是，先估算一下大概会有多少字数。

### （五）将计划付诸实践

此刻，你已经有了写作计划、内容结构和工作指南。现在可以真正开始写作了。从每一个模块着手，一次写一个句子。这些会逐渐扩展为篇章、页面、体系，最终演变为整个网站。然后，按照你自己的风格，对它们的风格进行调整。

第四章

# 写作的基础知识

你已经完成了调研，制订了计划，再也逃避不了了，是时候坐下来写东西了（终于！）是的，这是最难的部分。不过稍等一下，我们一起来写。这章我们讲的是：

- 基本准则
- 常见错误
- 摆脱写作困境的技巧
- 提高写作技巧的练习

让我们从优质写作的一些准则开始。

# 一、基本准则

高质量的写作内容通常都清晰、有用和易懂。有些句子可能有点平实，也可能只是陈述事实，但这没关系。只要信息准确，直率的语气就不会损害阅读体验。

当然，最困难的是让别人看懂。为让文章更清楚，你需要自己真正理解主题、组织想法，并以合乎逻辑的方式陈述每一个要点。这需要把调研、耐心和清晰思路结合起来。风格，是我们将在这里并在接下来的章节中也会继续进行探讨的另一个要点。风格可以帮助你传达信息，这意味着它的重要性仅次于信息本身。

因此，让我们先写好内容，然后再谈风格。写好，意味着内容扎实，而不是华丽、可爱或纯粹只图博眼球。下面这些准则应该定期予以实践练习：

- 要清楚。
- 简明扼要。
- 说实话。
- 考虑读者感受。
- 用你自己的说话方式写作。

我们一条条来看。规则和准则可能会有些枯燥，但我们尽量把它们讲得让人愉快。

## （一）要清楚

写作的目的，就是要写清楚。你固然会追求内容清楚，但是，如果有截止日期之前要发布的压力，可能就很难察觉内容里存在读者看不懂的地方。这里有一些实用技巧。

### ❶请记住，你是专家

不要想当然地以为读者会理解你所写的内容。你比他们更了解自己的业务和网站。邀请他们加入到你的写作过程中，想象你正在和他们进行对话或给他们讲故事。不必刻意写得简单，但你需要确保读者浏览一下就能看懂。想象一下，如果朋友或邻居想要了解你所讲的主题，你会怎样为他们讲述。

### ❷保持简明

如果能用一个简短的词来表达你的意思，就使用简单的词汇（见表 4-1）。

表 4-1　请使用简洁精练的字词

| 复杂词汇 | 简单词汇 |
|---|---|
| 撰写，著有 | 写 |
| 发现 | 找 |
| 有激励性的 | 鼓励 |
| 目标 | 目的 |
| 获取 | 得到 |
| 优化 | 改进 |
| 购买 | 买 |
| 持有 | 保存 |
| 运用 | 用 |

如果你必须使用人们可能看不懂的术语，请用平实语言对其进行简要说明。

使你的写作尽可能地接近日常语言的一种方法是大声朗读你的作品，看看它们听起来是否像你的口吻。例如，你是否听到有人日常口语会说“无与伦比”或“勿需多疑”这种词？如果必须要用，就改写成日常语言。还有一种写作方式，就是使用简略词，简略词在我们的日常交谈中会自然而然地用到。

### ❸要写得具体

如果要编写关于一系列流程步骤的说明，请亲自完成这些步骤操作，并按照所看到的提示一步步写下链接或按钮的名称。指导读者做的事情一定要写得特别具体。

避免模糊的说明，比如：

更新你的设置以减少我们发给你的信息。

相反，要这么写：

想接收较少的电子邮件，请转到“设置”>“E-mail 通知”。

名称和标签就像高速公路上的指示牌，可以提高清楚度。向人们展示如何通过添加这些细节来解决问题。在撰写本文时，请考虑以下问题：

- 读者想做什么？
- 读者需要知道什么？

- 少写了什么东西？
- 接下来会发生什么？
- 这个话题在别的地方谈过了吗？

告诉读者他们期望了解的内容，并指导他们完成该过程。不要止步于只写基本信息，比如：

你的订单成功生成。

而应添加有关订单的详细信息：

谢谢你下单。你将在几分钟内收到一封电子邮件进行订单确认。（附选项：[查看订单][打印回执]）

读者无论是阅读文章、重置密码还是寻求帮助，一旦他们操作出现问题，请礼貌地向他们解释下一步应该怎么做。你可以告诉他们是按某些键还是点击某些链接。

### ❹保持一致

要保证各种名称和标签前后一致。如果在一个地方用“通知”这个名词，则在其他任何地方都要将其称为“通知”，而不是用诸如“推送通知”“实时通知”“即时提醒”或“消息”等。但保持一致和重复说明不是一回事。前后一致的名称让读者不必记住太多内容，也可以帮助人们了解你网站的不同部分，并清楚地向他们显示在哪里可以找到他们想要的东西。保持一致的额外好处是，可以提高网站的易操作度，并降低解释成本。

无论是采用标题还是句子形式，主题与副主题要么都大写，要么都标黑，格式应该保持一致。

另外要注意代词。一些网站在这方面令人困惑。他们将“读者”，在一个地方称作“你们”，在另一个地方又称作“我们”。以下是有关标题和链接的一些常见示例：

关于我们

我的账户

输入你的评论

你的订单

这里的“我们”是谁？通常，“我们”应该指的是自己的公司，而“我们的”指的是属于自己公司的东西。这就是“我的”特别奇怪的地方。“我”是谁？读者，还是公司？避免出现这种尴尬的一种方法是避免代词，比如这样写：

关于

账户

输入评论

订单历史记录

或者，我们建议把读者称作“你”，让写作更加口语化一些。这是一种风格选择，但是你应该保持前后一致，以避免混淆。

## ❺深思熟虑后可以打破传统写作规则

大多数时候，你的写作应该符合你公司的风格或你的写稿对象的网站风格。但是时不时地，你也需要打破规则。网络写手打破文本传统习惯的例子很常见，因为很多传统文本的规则不适用于线上。比如，大多数英语写作指南书都会说，10 以下的数字应该用大写而非阿拉伯数字，但在网上用阿拉伯数字更好，因为读者能够快速浏览。另一个例子是你在文中介绍一个出场角色后下次再怎么称呼他的问题。传统上，应该称呼他的姓氏，但现实中人们并不那么做，所以有时打破规则是可以的。

在写作的时候，要牢记合适的规则和成例，不要误导读者。如果写作时有疑惑，就和编辑沟通，重新调整句子，深思熟虑后打破写作成例。如果你发现自己反复在打破同一条规则，可能是时候更新你的《写作格式指南》了。（在第十二章我们会讨论《写作格式指南》和其他例外的情况）

## ❻避免简写和缩写

使用短词以节省篇幅总是很有诱惑力，但清楚性还是应该排在第一位。比如，“安全代码”比“安码”看上去长一点，但是当你说的是信用卡话题时，安全代码这个词第一眼看上去会让人更明白。如果必须要使用缩写，在第一次使用时就要用平实语言对这一缩写进行简要解释。

如果有字数和章节限制，就必须缩短用词了。以下是一些常用的缩写体例：

日期：11/12，周六

地点：美，英，欧，日，加

术语：3G，LTE，EDGE，Wi-Fi

格式：CD，DVD，JPG，GIF

如果你决定使用缩写，就要留意那些可能会让人搞混的词，特别是那些能同时代表两个州或国家的词。比如，CA 既能指加利福尼亚州，也可以指加拿大。缩略词可以偶尔使用，应在《写作格式指南》里列明可以使用的缩略词。

## （二）简明扼要

大多数时候，短小精悍比长篇大论更好。压缩写作篇幅的最简单方法，就是搭建一个清晰的框架。画草图是方法之一。以下是帮助你组织想法的一些技巧。

### ❶从主题开始

想想读者需要知道什么，就从那个主题开始行文。不要忘了，从主题开始。

找到一种直接而有礼貌的方法来表达你的观点。和朋友、同事聊天是一个很好的办法。可以的话把交谈内容录下来，这样你可以听见你自己是如何阐述主题的。问你自己：我想尝试表达什么主题？真正的答案往往比你写下来的篇幅要短。

### ❷让内容能够被快速浏览

把相关的观点聚在一起，把相似的观点放进一个模块和章节里。然后，把不相关的观点移走，或者通过新内容把它们联系起来。如果段落太长，就加上小标题。如果想突出重要观点，就使用列表来对其进行总结。让读者能够快速浏览，找到他们需要的东西。

### ❸使用简单句子

把泛泛的观点拆解成便于操作的部分，让句子尽量短。

避免句子冗长，比如：

如果你还没有这样注册，就注册一下以接收我们发给你的新闻邮件以及特别产品和服务信息。

可以这样精简：

注册接收新闻邮件以获取特别产品和服务。

不要让读者一次接收太多信息。一旦你弄清楚了你的主题是什么，就让写作内容尽量精练。以下是另外一个例子：

如果想咨询不在列表中的问题并获得帮助，请点击这里获取我们联系信息。

把多余词都删掉：

有其他问题？联系我们。

一次就说一个主题。如果你要呈现次级重要信息，就不要对其详细说明，而是代之以提供一个能说明次级信息的网页链接。

### ❹和读者聊天

和你的读者聊天，而不是自说自话。用一种友善和直接的方式告诉他们应该如何做。这一视角的小小改变，可以让你的行文更加简练。

比如，不要这样介绍自己：

每逢节日，顾客可以在我们的官网上找到最适合的儿童书籍。

我们激动地宣布，为庆祝节日，我们上架了超过 30 种新产品。

而是应该更直接些：

找到最完美的节日礼物，现在就买。
今天，店里有超过 30 种新产品！看看货架上有什么。

要小心使用被动语态，即句子的主语放在宾语之后：

你已经收到了来自 Maria 的礼品卡。

取而代之的是，使用主动语态：

Maria 给你发送了一张礼品卡。

在说话直接与友善之间寻找到平衡。让名词和动词放得近一些以缩短句子。主动语态有助于让行文更加简明扼要，并让文案看起来很有生气。让读者感觉你是在和他们对话。

### ❺使用积极语言

谨慎使用消极性语言，消极性语句不易读懂。不要告诉读者他们不能做什么，例如：

你没有注册，不能登录。

应该用积极或中立的语气：

请先注册，然后登录。

虽然通常最好避免使用被动语态，但在某些情况下，被动语态可以使声音更柔和而不用增加太多单词。这对于具有时间敏感性的消息（例如付款确认和错误消息）特别有用。直接的语气有时听起来可能很生硬机械：

我们无法得到你信用卡的预授权，取消了你的订单。

在这种情况下，请柔化语言：

我们无法得到你信用卡的预授权，你的订单已被取消。

简洁是一个比较微妙的概念，因为它并不是用在哪儿都合适。可能需要灵活调整句子的长度以保持易读和易懂。比如，如果一口气连续使用几个简短的句子，最终听起来可能会很尖锐或僵硬。也可能把句子元素削减得太多，以至于让一个复杂的流程过于简化，或将你的文案信息简化为无特色的流俗之语。要找到最简洁而又不会丢失重要细节的方式来表达你的意思。

## （三）诚实

对于网络文案写手来说，诚实意味着两件事：向读者陈述事实，对公司保持诚实。诚实的文案是准确性和真诚的结合。要说实话并保持和善。不要夸耀自己的实力，而应专注于陈述自己的优点，并向读者仔细展示它们。你如果撒谎，人们是会察觉出来的。如果一条信息发给了数百人，就不要在信息里说“为你独家提供”。

### ❶仔细

除避免文案内容错误外，还应确保你的工作值得信赖并且可靠。用事实和具体示例来说明你的要点，不要夸大承诺。例如，如果需要读者花一个小时通过电话购买商品，就不要说这是“快速电话购买”。或者，如果你要特别说明你的读者有多少，就不要编造数字。

核查你的事实和依据。阅读草稿时，请挑选出你认为是事实的所有细节进行验证。如果你引用其他作者的作品或参考文献，就给出链接。

### ❷讲真话

确保你的作品里全部都是真话，并且只讲真话。即使你是有良善的动机，有时也可能会偷偷摸摸地撒些小谎。当你写市场文案的时候，请特别注意这一点。人们很容易忍不住写些听起来还行但却并非真相的句子。就像安妮·拉莫特说的，写文案要拿掉谎话和枯燥的部分。①

要定时回顾已经写下的内容，自己感受一下是否做到了讲真话。在处理每个句子时，请确保你是真诚的。写作内容应该代表你对该主题的真实感受或态度。如果你感觉需要假装或强迫使用特定的单词，则可能需要将语言拉回到现实。

小心使用形容词和修饰语。写手很容易过度使用描述性说明词而使读者感到不满。要用具体的词汇替换泛泛的修饰词。这里有一些需要避免的词汇：

精彩绝伦，令人难忘，纯手工打造，纯自然，美丽无比，强劲有力，生机勃勃，革命性的，行业领先，独一无二，独特创新，人人喜欢，直觉感受，再容易不过。

要向读者展示你的产品与众不同或为何如此出色，而不要告诉他们你的感觉如何。要避免编造浮夸的言词，比如：

使用我们简易的设计工具，创建一套你一直想要的网站比你想象中的要容易。（www.godaddy.com）

要诚实，并添加细节：

帮你从简单的模板中进行选择，或者通过 FTP 定制你的网页。

① https://twitter.com/ANNELAMOTT/status/440540092629655552.

要说明你能为读者做什么，而不是去设想你知道他们想要什么。

## （四）考虑全面

用读者常用的词汇、能懂的词汇去帮助他们，把他们当作眼前的真人去对待。

### ❶有礼貌

大多数时候，表达同理心最简单的方法是用自己的说话方式写作。想想你会如何面对面和他们聊天，让你的写作读起来更像是一次对话。显示你考虑到读者的感受，让他们读的时候会微笑。甚至可以给他们一点鼓励。检查文案语气，以确保自己是有礼貌的。如果你需要读者等待或填写其他表格字段，可以用简单的“请”或“谢谢”等词语。

### ❷包容性

你选择的词会影响读者与你的关系。尽可能使用开放性语言。当心那些可能使人反感，或仅对特定受众有意义的词。不要假设你的读者都来自同一地方、同一年龄阶段或同一个行业圈子。

**1）注意成语和俚语**

笑话、比喻、特定地区的语言表达方式和文化典故不一定总能很好地表达你的意思。你的读者可能居住在不同的国家，或者英语可能不是他们的第一语言。下次你要用隐喻或典故时，请先问问自己是否有更通俗易懂的方式来表达你的观点。

**2）避免行话和流行语**

不要用商业术语或行话将你的想法复杂化，即使你和你的老板在办公室里这样交流，也不是每个人都会理解你的行话。每当你阅读自己的作品时，切记要砍掉如表 4-2 所示的这些糟糕的表述。

你可能也有自己的一套专业术语。列出你所在的行业中被滥用的字词和短语，并将它们添加到《写作格式指南》中，以便让你的团队知道要避免使用它们。

**表 4-2　行业常用术语**

| 博客和杂志常用 | 创业公司常用 |
|---|---|
| 定制 | 自适应 |
| 孵化 | 碾压 |
| 天才 | 搅局者 |
| 可持续 | 生态系统 |
| 推特控 | 参与度 |
| X 重新定义 Y | 游戏规则改变者 |
| X 的未来 | 冲击 |
| 病毒式营销 | 无缝衔接 |

**3）尊重人名和性别表述方式**

如果不确定如何称呼某人，请使用其名字或考虑使用代词“他们”。中性代词“他们”能包括所有性别。并且要考虑到并非每个人都自我认同是男性还是女性这一事实。下面是一个示例：

你的礼品卡接收者可以选择他们想要的礼品。

出于这个原因，我们在本书中使用“他们”，因为听起来不会像其他人称代词那样尴尬。虽然对于语法学家来说这可能是一个有争议的话题，但自14世纪以来，英语里的“他们”就一直在被使用。

好的，这些都是目前关于诚实，我们要注意的规则。你还没把这本书扔掉？太好了！总结一下：优质内容要以一种诚实和恰如其分的方式予以呈现。

## （五）如何摆脱僵局

到目前为止，我们已经介绍了有关优质写作的基础知识，并探讨了一些实例。但是，如果你觉得自己的写作陷入僵局，则可能需要向正确的方向稍加推动。这里有一些技巧来介绍。

**（1）保持耐心。**写作中最难的部分是等待最合适的那个字词出现。继续吧。在写草稿的过程中，请坐在椅子上，对自己好一点。不要尝试一次性完成初稿和修改。写初稿通常是最痛苦的事情，但不要因此而灰心。写作是一个不断前进的过程，就像任何值得做的事情一样，这需要时间。

**（2）切换到其他工作。**根据你要写的内容，从某件任务开始入手可能比另一件更容易。如果遇到问题，请尝试切换到其他网站页面或版块的写作。你也可以尝试与朋友交流。实际上，我们通常会将序言和介绍说明部分放到最后来写。

（3）**整理大脑。**如果你的大脑不配合，请去散步或尝试在不同的环境中书写。与其强行写下字词，不如给自己时间思考。有时，你需要的只是变换工作环境。

（4）**阅读已有文本。**阅读是提高写作水平的最好方法。学习他人的作品、书籍和杂志可以扩充你的词汇量，帮助你写出有力量感的句子。阅读时，你会开始注意其他不同的风格，这可以帮助你培养自己的风格。

很多书都提出了精彩的写作建议。我们在“扩展阅读”部分中列出了我们最喜欢的此类参考书籍。

## （六）更进一步

完成第一稿或第二稿后，请稍事休息，将你的草稿搁置一整夜。第二天再用新的视角去检查。向一些朋友或其他写手征求意见。寻找方法进一步提高写作质量。

### ❶尝试不同的选择

能帮助改进文案水平的一件事，是进行一些字句调整。这是可以帮助你找到文本中一些要点的表达方式的最佳方法。尝试使用含义稍有变化的单词和短语。考虑不同的构思方向，充分理解词语的感觉和内涵。例如，这是在按键标签上常用的一些词语：

发布，评论，分享，发帖，发送，保存

用哪个词最好？它们有何不同？用不同的单词和短语，尝试调整其长度。这里是非营利组织常用的一些词：

捐赠，请捐赠，现在就捐，拯救一条生命，回报社会，帮助我们拯救生命，资助我们的项目，加入战斗，做出贡献

较长的语句可能会更适合用作链接或标题。尝试编写不同的版本以找到最适合你的受众的单词。在线工具如 Wordnik（www.wordnik.com）是一个很好的资源。

对于较长的文本，请根据内容要点的重要性，变换要点的顺序。下面是同一个标签两种写法的示例：

在 zippers 平台上获得最好的交易
加入 zipper，创建账户

【创建账户的按钮】

创建账户
在 zippers 平台上获得最好的交易

【创建账户的按钮】

如果你是团队的一员，提出一些不同文案供选择对团队来说可能会特别有帮助。大多数人都不是内容专家，因此可能很难知道他们到底希望你展示什么。向你的团队展示一些不同版本的文案以让他们理解，并由此加快他们的选择过程。

## ❷阅读

读者将在不同的地方、不同的设备和不同的格式下读到你的作品。他们可能在手机、平板电脑或计算机上阅读。他们可能在乘火车上下班，吃晚餐或在沙发上放松时阅读。你也应该在不同的环境下阅读你的作品，以便你能以和读者相同的方式体验这些文案。如果你是在文字处理机中写的文本，请确保在发布后在线试读。

### 1）检查

你也应该把文本打印出来在纸上阅读。这对于修改草稿，发现错别字和检查语气很有用。把你当前的草稿打出来，在安静的角落坐下来阅读。如果你喜欢冒险，可以拿着一支笔（任何颜色都可以）去闹市阅读。对于较长的段落，可以通过将页面和段落切成一小段一小段并重新组织顺序，来检查段落结构是否有问题。在阅读时，请注意单词的发音，并考虑你要讲的每一个要点。留意是否有无关的内容。检查基本的东西：是否有错别字？是否有笨拙的句子？这一句讲清楚了吗？链接或参考对读者有帮助吗？花一些时间重新阅读和重新琢磨你的工作成果。

### 2）征求反馈

我们都太熟悉我们的草稿了。要请朋友或同事来通读你的草稿。我们称这些人为早期读者。分享未完成的作品可能会感到尴尬，尤其是在写作过程的早期，但是它可以极大地改善你的写作。

告诉你的早期读者你期望获得什么反馈。是否写清楚了？通顺吗？有趣吗？和你想要的效果有差距吗？听起来像你的风格吗？或者，你可能对主题或细节有更具体的问题。了解早期读者的需求，并尊重他们为此付出的时间。之后你可能需要进行其他修改，但最好在写作过程中尽早修改。和早期读者谈论写作草稿，是使后者清晰、简洁和优美的好方法。（更多修改技巧，请参见第十一章：修改过程）

### ❸在线编辑

尝试在网页中直接编辑现有文本。我们很喜欢这个小技巧！在截止日期即将到来时团队进行集体修改时，这个方法尤其有用。对于自己独自修改也很有帮助，而且比你想象的要容易。让我们看一下在网页中编辑文本的两种方法。

#### 1）审查元素

在浏览器中打开页面。右键单击要编辑的文本，在弹出的菜单中选择“审查元素”。文本会在源代码中突出显示。在其中进行修改，然后按返回键查看修改后的新文本。如果想要在更改之前保存原来的版本，请对每一个页面截图。

#### 2）使用 Keynote 或 PowerPoint

在浏览器中打开页面。以适当的大小拍摄屏幕截图。将屏幕快照放入 Keynote 或 PowerPoint 中的空白幻灯片。添加一个用于输入修改内容的文本框，填充与你的网站背景相匹配的背景色。例如，如果网站背景为白色，文本为蓝色，则将新文本框的背景填充为白色。然后，文本内容用蓝色输入。

### ❹列出反向提纲

你可能还记得在学校里学过的列提纲。列提纲，通常意味着你列出一个你想说的东西的列表，将它们排序，然后一一展开来写。对较长的文案，我们可以在列出草稿后再勾勒出大纲（我们称其为反向大纲）。提炼出其中主要的要点，再列入狭小的网页文本框或标题里。这种办法可以帮你看清你自己写的文案所涵盖的内容和所缺少的内容。它还可以帮助你在写作中记住项目的大目标，并朝那个方向前进。同时，这还是检查你用来引导读者阅读文案而所选择的标签和标题是否合适的最佳时机。

### ❺持续练习

在写草稿时，请保持清晰、简洁、全面思考和诚实的态度。在接下来的两章中，我们将向你展示如何像说话一样进行写作，并将你自己的语言风格带入文案中。

# 第五章

# 找出你自己的声音

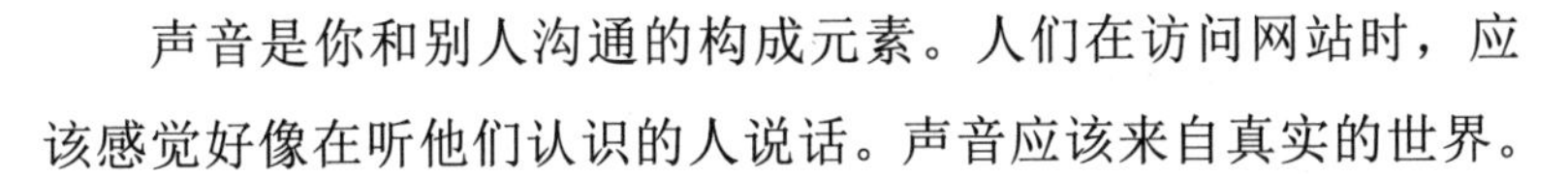

声音是你和别人沟通的构成元素。人们在访问网站时，应该感觉好像在听他们认识的人说话。声音应该来自真实的世界。

人们经常混淆声音和语气这两个词，但其实它们不是一回事。你的声音，是公司的公共个性，每天都没什么变化，它在你的所有内容中透露出来，并且影响读者如何认识你。另外，你的语气会随着情景的变化而变化。声音和你自己有关，语气与你的读者及其感受有关。将你的声音和语气合在一起，就构成你的写作风格。我们将在下一章中介绍语气，但让我们先从找到你的声音开始。

在本章，我们将讨论如何：

- 找到你的声音并将其呈现到页面上
- 选择一些有用的品牌属性
- 选择正确的词语来介绍你的公司

我们还将向你展示一些练习，以帮助你完成此过程，并让同事和撰稿人也一起参与进来。

## 一、观诸己身

声音是其背后的发声人理念的折射。你的公司之所以存在是有原因的，也许是因为你想使世界变得更美好，或者让人们的生活更加轻松。你的观点是独有的。你的公司与竞争对手不同，你的声音向人们展示了你的与众不同。

伟大的声音向人们分享这些品质：

- 将客户放在第一位。
- 反映公司的文化。
- 活泼、人性化和恰如其分。
- 不会牺牲个性。
- 随着时间的前进而发展。

你的声音应该使你的所有信息听起来都像来自同一个源头。如果你读了一些自己写的内容并认为“这听起来不像我们”或“在现实生活中没人会这么说”，那么你可能就失去了你的声音。你可以通过塑造文案风格、声音和语气来解决这类问题。

这项需要拥有较高水平的编辑工作不是写作过程中可有可无的部分。你的声音会直接影响你写的内容。而且由于声音是所有品牌标识的内在部分，因此它还会影响网站设计原则，为客户服务设定标准，甚至影响人们在办公室之间的交流方式。

## （一）品牌不是真人

公司不是真人，它们是由人组成的，这是二者重要的区别。当我们在本书中提到“品牌声音”时，我们所说的声音是对你公司或网页背后的人的诚实反映。

关于如何为品牌“发明”一个声音的建议很多，就好像你为小说或戏剧设定一个角色一样。要避免那样做。你不是在取悦人们。你的写作需要来自真实的经验和真诚的对话。虚构的声音可能在一分钟内很有趣，但最终却会慢慢淡化消失，因为它是虚假的（主要原因是如此）。如果你不是从真实的地方写东西，那么每次都很难做到表述正确。此外，如果你的声音是假的，那么你也将面临保持个性前后一致的压力。和亲自与读者或客户交谈一样，你的声音听起来应该很自然。声音表达清晰，将帮助你随着公司的发展依然能保持文本内容的前后一致性。

你的品牌声音应该反映你公司的声音，并且应该适合你的行业。一家银行的品牌声音表现得太傻，或者一家宠物店的品牌声音表现得非常社会化，可能没有任何意义。而且，不要因为其他公司正在表现得幽默或时髦而感到压力大，那种做法永远不会成功。

同样，如果你不是团队工作，则无须在“关于”页面上使用“我们”这个词。如果你是自己写作、编辑，并在你的博客上发布所有内容，就请为此感到自豪！用第一人称写法，让读者知道真实的你。在发布任何东西之前，养成问自己的习惯：“这篇听起来像我吗？”

## （二）努力

你是否曾经花几个小时来思考单词的主观色彩和细微差别，或者一遍又一遍地读句子因为觉得有些地方不对？如果你像我们一样，可能不止一次地盯着电子邮件，试图确定打在“谢谢”之后的感叹号是显得友善还是轻浮。这就是你需要深切关注声音和语气的原因。对语言的这种关注能使你表达的内容更加丰富，并使你自己成为更加宝贵的团队成员——不管你是不是专业写手。培养诚实的声音，是和读者保持适当交流，并在个人层面上与读者建立联系的最佳方法。

## （三）保持品牌风格

当你准备好发出自己的声音时，接下来该怎么做，取决于你的网站状态和你正在处理的内容状态。如果你正在处理已经具有现成声音的品牌，请查看是否有现成的《格式指南》或《品牌指南》。在这种情况下，你的工作可能是将注意力集中于这种已有的声音并开始写作。如果你在与创业公司合作，那么可能是时候重新评估品牌的声音和个性了。或者，也许你已经确定了你自己公司的声音，并且需要将其全记录下来以帮助其他文案写手理解它。另外，如果你是完全从零开始，这种情况我们也将进行介绍。

成形的品牌已经有许多发表过的内容，因此有关确定其声音的工作可能是一个工作量极大的过程。在深入研究之前，请先对公司进行溯源。你可以按时间顺序阅读有关文章：公司博客、网站旧版本、客户评论，以及其他你可以获得的一切资料。请注意随着时间的演进这些内容发生的变化。也要注意什么地方没有发生变化。这将使你考虑该如何组织语言，什么内容需要前后保持一致。

在获取所有这些信息时，请确定其中主题和最重要的信息，并寻找它们之间的矛盾。如果公司文案风格从注重“简单而有趣”转移到“强劲而新颖”，那么找出为什么发生这种改变，是否是因为新写手对品牌声音的理解与最开始的写手不同。研究得越多，你就越能理解这些问题。

如果你是自己经营公司的，就请记住为什么最初要创建公司或网站。尝试重振对冒险的热情，并考虑要服务的对象。在最初阶段，你可能更专注于建立社群关系，或者你是为给特定甲方写作而非为更广泛的大众写作。把能量用于发现（或重新发现）你公司的声音。如果你正在其他人创办的新公司里工作，拉一把椅子，让创始人带你回到公司最开始的状态。在研究和采访期间要保持开放的态度，不要匆忙完成。和别人谈论你的发现，并解决所有心中的疑惑。你可能会发现一些相同的表述一次又一次地出现。

## 二、找到正确的词

公司文案中用的语言，是由两种语言结合起来的：你用来形容自己公司的词句，和客户或读者用来形容你公司的词句。理想情况下，你选择的语言是人们可以理解和沟通的语言，你的顾客使用的也是这种语言。看到人们使用的语言和你自己谈论产品时所用的语言相同，会令人兴奋。如果你发现二者有差距，也许是时候重新考虑你的沟通方式。这可能是内部写作问题，也可能是你的沟通风格不适合受众的迹象。公司的营销信息和客户实际体验之间也可能会有差别。如果办公室的工作人员感到困惑或写出互相矛盾的东西，你发布的内容会将其公开反映出来。

倾听是成功的一半。与你的队友或客户坐下来，了解他们如何看待你的品牌。如果你事先已经将内部采访列入项目流程，那么这是在不增加项目负担的情况下，进行声音和语气调研工作的绝佳时机。如果创始人或首席执行官有空，请对他们进行采访。有 90% 的概率你会深入了解到公司精神的核心。

问问自己和你的同事以下这些问题：

- 你为什么创办这家公司？是什么让你想到这个主意？
- 你对我们的读者有哪些了解？他们在乎什么？
- 你认为谁是我们的竞争对手？我们有什么不同？
- 成功对我们意味着什么？你想带给我们的顾客什么东西？

■ 你希望人们在访问我们的网站或使用我们的产品时有何感受？
■ 有没有我们应避免的其他事项？

注意观察对方在采访中的情绪反应。记下人们的本能反应、眼神闪烁的时刻以及使他们微笑或大笑的话题。如果他们似乎真的想谈论某事，请让他们尽情说话。必要时也请保持沉默，因为有时候，最好的答案会在长时间沉默之后出现。这些回答是对某人内心真实情况或公司文化的一瞥。

在用户研究访谈中，也要认真听取客户对你们的意见，或者自己着手搜索 Twitter、Facebook 和博客文章，以了解人们如何谈论你的品牌并将其和你想传播的公司形象作对比。他们使用了哪些词？如果你觉得自己既好玩又古怪，但是客户不断在 Twitter 上说你无趣，那说明你的沟通有很大问题。如果你喜欢他们对你的一些评价，请在文案中用一些他们使用的单词和短语，这样可以使你的写作保持和他们在交流的感觉。

在公司工作和与办公室的人交流时，要沉浸到办公室环境中，准备好临时突发采访和交流。可以在别人的办公桌旁停下来和他们交流，在会议期间认真听取发言，写下令人难忘的单词和短语。把你的所见所闻全部记录下来。

### ❶列出“是此非彼”列表

我们最喜欢的用于开发品牌声音的工具之一，就是我们所说的“是此非彼”列表。这很容易：列出一些能描述你的品牌的词语，然后用每个词本身没有的含义来解释每个词，后面那个词可以帮助写手更好地理解每个词语能让人联想到的人格化特点。

例如，这是邮件平台 MailChimp 的清单列表：

MailChimp：
有趣但不幼稚
聪明但不狡猾
自信但不自大
聪明但不笨拙
冷静但不孤僻
热情但不马虎
乐于助人但不霸道
专业但不专横
古怪但不怪异

我们虚构的书店的“是此非彼”清单可能是这样的：

“下风书店”：
孩子气但成熟的
有想象力但不荒唐
有教育性但不古板
好奇但不困惑
乐观但不愚蠢
鼓舞他人但不会絮絮叨叨

为公司列出这样的清单，将其添加到你的《品牌打造指南》

或《写作格式指南》中，以便代表公司和读者进行交流的每个员工都能保持一致。你也可以将其纳入新员工手册中，方便在以后继续发展公司风格的同时能保持这些基础属性。

### 附：玛尔哥特·布鲁斯坦的卡片分类练习

玛尔哥特·布鲁斯坦是品牌和内容策略顾问，并且是《内容战略》一书的作者。她通过卡片分类活动来帮助客户找到其品牌属性，并在分类中将整个团队都拉进来。她从发放一堆索引卡开始，每个索引卡都写有一些品牌属性。以下是一些她所列举的属性示例：

**冷静，新潮，踏实，永恒，创新，明智，保守，专业，激进，折中，正式，时髦，平易近人，休闲，经典，精英化。**

然后，她邀请她的客户（包括决策者、撰稿人、设计师、创意总监）一起将其分为三类：我们是谁，我们想成为谁，我们不是谁。之后，他们删除最没用的属性并优化列表。他们将范围缩小后，就丢弃“我们不是谁”那组，然后讨论另外两组。（你也可以保留负面属性组，以备以后有用）

玛尔哥特说这个方法直接影响如何撰写有关公司的文案信息内容，并能开启有关公司目标的集体讨论。“从根本上讲，它鼓励客户亲自与他们自己的品牌互动。参与者挑选品牌属性术语，将其与其他术语相比较。他们也会对自己扔掉或留下哪些东西做出艰难的选择。”她说，“对于曾经说过‘我们不能将所有内容都放在首页上’，或者‘我们不能同时传达所有内容’的文案写手来说，他们知道这种权衡取舍的价值所在。”

## ❷坚持下去

这些技巧和练习将帮助你更好地表达自己的品牌声音，并将其教给其他人，但是有关声音的相关工作永远不会结束。随着公司的发展，你的声音将需要进行微妙的改变。了解自己品牌目前所处的阶段和公司前进的方向，是有目的地写作的第一步。对于成长中的公司而言，学习如何以真诚的方式与客户交谈尤为重要，因为添加太具个性化的声音可能会让公司整体信息更加混乱。让声音和其对应的项目任务紧密相关。如果不知道怎么写，应采用怎样的声音，就请发自内心地去写。

# 第六章

# 注意语气

想一想当你开玩笑时是如何与朋友交流的。也许你是随性、说蠢话或很毒舌。现在，想象一下，如果有机会，你将如何与总统或女王交谈。你可能会更正式一点，对吧？那是因为你自然会根据情况调整语气。我们中的大多数人甚至想都没想，自然而然就会努力使其他人感到舒适。这种语气变化是我们日常生活的一部分，但却并不总是发生在我们的写作中。

当你与某人面对面交谈时，你可以与他们进行眼神交流并观察他们的表情。这使你可以体会到他们的感受或心情。如果他们没注意听或正感到有压力，你可能会用让他们心情愉快的更柔和的说话方式与他们交谈。但是在线上，你失去了使用肢体语言的好处，因此你必须寻找其他方式来向听众展示自己在倾听他们。在本章中，我们将探索实现此目标的不同方法。我们将展示：

- 在你的写作中表现出同理心
- 让你的文案类型符合读者的感受
- 使你的语气适应不同的场景
- 在幽默方面要保持敏感

第一步是根据你所写内容的类型来思考读者的感受。

## 一、显示同理心

现在，你应该已经列好了要发布的文案类型列表。每个类型都针对特定的目标、受众或问题。为了与受众保持联系并显示你关心他们，你必须在他们阅读内容时让内容风格能满足他们的需求。

考虑读者所处的境况。他们在这里做什么？博客文章可以有个人特色和非正式语气，但是如果你要编写技术文案来帮助某人排除故障，则可能需要采取带有指导性的语气。但与帮助中心的技术人员相比，你在营销活动中则可以更具戏剧性或说服力。理解每种文案类型背后的目标，将有助于你的写作保持实用性，并符合读者的需求。

最重要的是，在确定语气时，请考虑上下文语境。例如，你如果需要提供技术和操作指导，自然就可以断定读者正需要自己的帮助。如果这时开玩笑或说自己可能不适合给出帮助，就不合适。

## （一）顺应读者的情绪

考虑读者的情绪状态。试着了解他们的心态并与他们交谈。

找出读者在接触你的信息之前经历的事情。这是使读者感到高兴、放松或兴奋的好消息，还是使他们感到沮丧、生气或难过的坏消息？你给出的信息会让他们的生活更好，还是使他们陷入困境？读者是准备好了，还是会措手不及？这些问题将帮助你决定如何撰写文案。

浏览文案类型列表并将其用于匹配读者的情绪状态。在每种文案类型旁边，写下三四个人读完后可能的情绪感受。我们推荐如图 6-1 所示的普鲁契克的情感轮模型作为参考。这个经典模型说明了一系列的情绪状态，并显示了它们之间的相互关系。

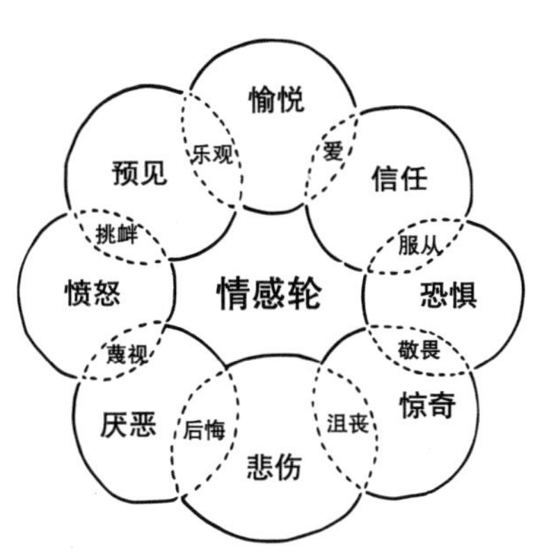


图 6-1　普鲁契克的情感轮模型

当你匹配完毕时，你可能会发现自己已经写下了上面所列的全部情绪状态。表 6-1 展示了不同的文案类型应如何匹配文案语气用词。

表6-1 内容匹配

| 文案类型 | 读者的情绪状态 | 恰当的文案语气 |
| --- | --- | --- |
| 提示操作错误 | 迷惑，压力，愤怒 | 温柔，冷静，严肃 |
| 客服文档 | 迷惑，焦虑 | 直接，热情 |
| 博客帖子 | 有兴趣，想看，好奇 | 随意，友好 |
| 提示操作成功 | 轻松，自豪，愉快 | 积极，友好，振奋 |
| 法律文件 | 压力，迷惑，焦虑 | 清晰，严肃，直接 |
| 邮件通讯 | 有兴趣，好奇，娱乐 | 振奋，热情，个人化 |
| 市场广告 | 意外，愉悦，娱乐 | 振奋，让人难忘 |

如果你正在撰写诸如“错误消息”或缺货通知之类会使读者感到有压力或沮丧的坏消息，你要清楚地说明情况，并直击要点，尽力避免引起读者任何额外的挫败感。

另一方面，如果你正在撰写诸如公告或订单确认之类的好消息，则可以随意一些。人们在那些地方通常表现出积极情绪。只要你清楚地传达了重要的细节，就可以让你的读者满意，并表现出自己的个性。

想想你在面对面交谈中如何表现，并将自己放在读者的位置上加以思考。如果你祝贺某人做得很好，那么你可能会保持轻松愉快的态度，但是如果你给某人一张超速罚单，那么你就会直截了当，不会和他讲笑话。

我们来看看下风书店的两个示例。我们会在订单发货时使用乐观的语气，但如果缺货，就请直接说：

呀！你的书在订购路上。

我们很抱歉。那本书缺货了。你想接收到货通知吗？

关于语气和上下文语境如何融合的另一个示例，让我们在两种不同的场景下查看“哎呀”一词的意思。

首先，出现错误信息时：

哎呀！我们似乎找不到此页面。

这里“哎呀”是一种友好的软化生硬语气的方法，但不会表现得太过抱歉。这条消息听起来语气还可以，因为找不到页面并不重要，这则消息可能不会破坏某人的生活。但是，如果我们在账户停用通知中使用相同的感叹号会怎么样？

哎呀！你的账户因投诉率很高而被暂停了。

在这个示例中，这个词语的意思就大不相同。账户暂停通知可能会破坏某人的一天甚至导致他们被解雇。所以这里不适用随意和可爱的语气。请确保使用适当的单词并且你的语气适合不同的情境。

如果有一本介绍声音和语气写作方法的《写作格式指南》，就可以帮助你将这些思路教给其他写手。MailChimp 网站上（http://voiceand tone.com）列出了不同文案内容类型，这样写手们就知道各种类型应该说什么。每一个类型都列出了读者可能会感觉到的情绪、回复范例以及写作技巧。参考该指南，你可以学习到如何在写作中展现自己的同理心。

## 二、大声朗读

学会与自己交谈，大声朗读你的作品会改变你的写作。当不确定自己的写作语气是否正确时，请大声阅读你的内容，感受一下听觉效果。马萨诸塞州大学阿默斯特分校英语名誉教授彼得·埃尔伯将此称为“纸上说话”。

他在《土语口才：说话如何引导写作》一书中说：

> 我认识的一个好老师，珍妮弗·奥格，在写作课堂上有一种简单而有效的教学方法。当她的学生写作完成后，她会让他们先对她说以下几句话：“听我说，我有话要告诉你。”然后再把自己的写作内容念出来。①

在写作过程中，有两次时机特别适合把文章念出来。第一次是在你开始写之前。假装某人在问你一个问题，你说出答案，如果你正在为博客写“关于我们”这部分内容，先大声回答这个问题：你的博客是什么样的？然后记录下你所说的内容。如果你可以录音或使用语音转换文本软件，则可以在此过程中大有帮助。

然后在一片混乱的语句中筛选出你的回答，让回答更加精细化。删除“啊”“嗯”以及“可能”和“所以”。一点一点地使句子变得更加简洁。这是使你的写作保持交流性的一种简单方法。

---

① 彼得·埃尔伯．土语口才：说话如何引导写作．纽约：牛津大学出版社，2012：254.

第二次朗读你的作品的好时机，是在草稿完成之后。朗读时顺便做我们所谓的“人性化检查”。注意听你在实际对话中不会说出口的笨拙的结构和短语。如果你碰到了你认为不对的地方，或不是很好的地方，就修改句子，然后再读一遍。不断修改并大声朗读，直到感觉更好为止。

让朋友或同事大声朗读你的草稿也很有帮助。刚开始时可能会觉得有些尴尬，但听到别人读这些词语会使你离开自己的立场，站在读者的立场去感受。

当你写作时，想象一位读者坐在你旁边，也许你正在厨房的桌子旁或在舒适的地方与他会面。想一想他是如何过来的，你如何能使他们的生活更加美好。

**附：英国政府网站的包容性语气**

英国政府网站提供有关英国政府官员服务的信息。受众包括生活在英国的每个人，他们是一群有着不同背景和需求的人。该网站涵盖了从计算税收红利、获得残障津贴到进行出生登记的所有内容。人们来到政府网站上寻找可能会非常影响他们生活的信息。

内容设计负责人莎拉·理查兹与她的团队合作编写了网站上易于查找的有用内容。“我们知道，当用户的生活发生一些事件而需要来到网站查询时，他们可能因为烦心而无法很好地集中精力。”“因此，我们不仅根据通常的可读性和可用性考虑内容如何编写，例如屏幕大小、查询时间和习惯性浏览，我们也知道，不用把内容做得很有趣。”英国政府网站的声音既不古怪也不可爱，因为这些语气不适用于政府。该网站的写手们坚持事实，并使用通俗易懂的语言，避免使用术语和行话。他们还必须记住，英语是许多读者的第二语言，这也是他们要编写简单文案的另一个原因。这是英国政府网站上“如果你是残疾人士并正在找工作”这篇文章中的一段话：

“当你寻找工作时，在广告和申请表上寻找关于残疾人士的符号（带有2个勾号）。该符号表示雇主承诺可以雇用残疾人士。如果招聘广告显示该符号，你就满足该工作的基本条件，可获得面试机会。”

这一段话简单清楚，直入主题。“政府很复杂。”理查兹说，“政府政策本身没有交流性，我们要做的，是让有足够兴趣的人理解它的内容。”

## 三、保持幽默感

幽默感可以使偶尔过来的读者变成忠实的粉丝，但同时也可能使人们失望。很多公司都力求幽默，但在这个问题上又都迷失了方向。他们认为，如果他们的品牌想拥有有趣的个性，那么他们应该一直都表现得很有趣。这是一个馊主意。通常，严肃情况下不适合说笑话。如果你的公司有幽默感，那么更重要的是要知道何时保持严肃。

除非你是喜剧演员或为喜剧品牌工作，否则你的目标不应该是让人们发笑。内容应该有用且清晰，有趣只是锦上添花，只应在合适的时候出现。让我们看何时应该使用幽默，以及何时需要避免幽默。

我们之前所说的积极类消息，是展示幽默的好地方。产品说明也是展示公司个性的好场景，特别是在服装、玩具和奢侈品上。人们在购买这些东西时，可能会感到兴奋，并已经准备花一些钱。当然，如果你是在销售保险、医疗设备或商业软件，那就要多考虑一下要不要撰写有趣的产品说明。

亚马逊上有一家日常品交易公司，以非正式的声音和富有讽刺的幽默感而闻名。写手显然有意让它们的产品描述显得有趣。以下是有关一套玻璃器皿套装说明的摘录：

喝饮料但没有器具令人讨厌。你无法从自己的掌心里吞下冰冷的苏打水！也不可能用餐具盒喝威士忌！买一套玻璃杯，好吗？这是人性的一部分。

这个有趣的描述后面跟的是重要细节，例如产品名称，规格，价格和总折扣。这是玩幽默的理想之地，而且这种语气使顾客在考虑是否购买商品时心情愉快。

另外，“联系我们”和“常见问题”页面就不是开玩笑的最佳场所了。人们很少只为打个招呼就与公司联系。他们经常会在遇到问题或抱怨时，才来联系公司。下面是互联网零售公司 Woot 对其官方网站上问答版块里有顾客提出的“有售后服务吗？”这一问题的回答：

如果你买了一些东西，后来不喜欢了，或者你有销售人员所说的“买家反悔”这一术语的表现，可以在 Craigslist（译者注：美国的一个大型免费分类广告网站）或家庭贩卖摊上出售。这样做你可能会赚钱，并避免给其他人添麻烦。如果你觉得该产品不适合你，请首先找出你做错了什么。是的，我们知道你认为物品不好，但这可能是你的错。谷歌一下你的问题，或返回我们网络社区中的产品讨论区，询问其他人是否知道如何解决问题。尝试致电制造商，并询问他们是否知道如何解决。如果你放弃这样做，那么请转到我们的客户支持页面，与我们的客户支持团队沟通该问题。或者放弃，看看其他人在下一个问题里问了什么。[1]

这里讽刺的效果与出现在产品介绍页面上的效果不完全相同。这个答案可能会让忠实粉丝们大笑，但可能会激怒新客户，因为后者需要公司认真回答他们的问题。当公司的品牌语气在各种文案类型中都保持不变时，就会发生这种情况。同一个语气在一处适用，在另一处则可能效果不同。而在拥有小规模热情客户的基础上还可以用的品牌语气，在公司和用户群体扩大时可能会变得毫无意义。

如果没有面部表情和语言提示，就很难以正确的语调来表

① http://www.woot.com/faq.

达“一切都很好玩”的幽默感。如果你已经处于顾客的愤怒中，你的读者可能不会被你愉快的幽默感所吸引。问问自己，读者是否感到压力大或沮丧。如果答案是肯定的，那就把笑话留待以后再用。不要让自己的个性妨碍你和顾客的交流。

取笑竞争对手是另一种常见的幽默方式，特别是在科技界，但我们不建议这样做。微软在发起“蛊歌”活动时遭到了广泛的批评，因为该活动嘲笑了谷歌的政策和做法。这种幽默显得公司自己在竞争中绝望，并使公司看起来像学校操场上的恶霸。应该让客户对竞争对手的劣势得出自己的结论，或者更好的是，让读者关注你自己的优势。

玩儿想象奇特的文字游戏通常是安全的，不会冒犯任何人。服装零售商 ModCloth 几乎在每个产品名称中都使用双关语。这种幽默在某些人群中可能会很烦人，但 ModCloth 了解其受众群体——购买价格适中、复古风格服装的年轻人，并且他们的受众群体喜欢双关语。实际上，他们非常喜欢双关语，以至于商店经常举行“命名获胜”竞赛，顾客可以给新产品命名。每次 ModCloth 举行比赛时，数以百计的客户会在评论区给新产品取非常多的双关名字。

最后，在适当的情况下引用流行文化现象和“宅男幽默”时，可能会很有趣。博客文章和社交媒体渠道是使用这类幽默的好地方，因为它们会带有时间标记。如果这类幽默后来过时了，没事，因为上面写明了日期。但是在你发布有关《星球大战》的笑话之前，请确保读者了解其中的典故。

# 四、不要太正式

如果你过于追求写作语法完美，可能就会写出一些愚蠢的内容，没人会愿意阅读。太过正式会使读者感到困惑，尤其是当他们处于困境时。

请尝试大声读出这条消息：

很遗憾地通知你，该产品太受欢迎，已经售罄。

这条信息太正式了，而且也太长了。人们在现实生活中不会这样讲。下面这个版本要好得多：

抱歉，该商品无货。希望我们在到货时给你发送电子邮件吗？

不要让你的写作成为传达信息的障碍。同样，表达同理心的最佳方法是让自己站在读者立场思考问题。当你坐下来写作时，请考虑一下屏幕另一侧的人。他们是谁？他们需要从你那里听到什么？在发布任何内容之前，请先询问以下问题以确定语气：

- 是否有用？
- 是真的吗？
- 是不是听着还不错？

如果对它们中的任何一个回答是否定的，那么你就还没有完成前期准备工作。前两个问题非常简单，你发布的任何内容都应该有目标，并且说的是实话；第三个问题则涉及你的声音和语气。你不能一直很有趣，甚至不必一直很有趣，但是你永远可以显得很和善。这对于阅读你的作品的人来说意义重大。

在将声音和语气练习纳入你的写作中时，与你的团队和贡献者分享你的想法。教他们注意风格和单词选择上的细微差异。如果你要修改他们的作品，就让他们知道为什么这种或那种词语或句子结构更适合你的客户。注意经常出现的问题，这样你可以在研讨会或《写作格式指南》中讨论这些问题。

第七章

# 打造读者社群

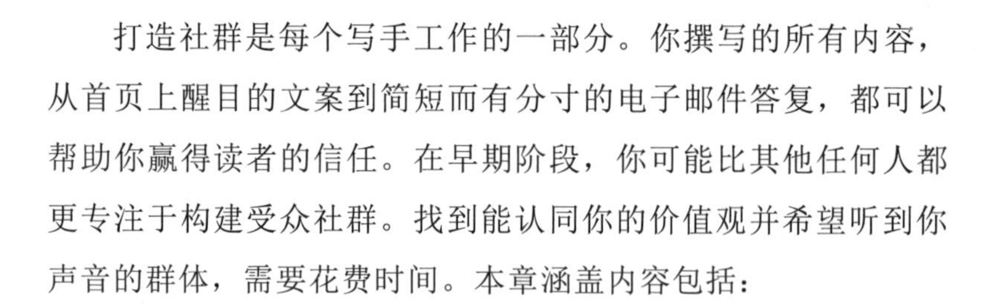

打造社群是每个写手工作的一部分。你撰写的所有内容，从首页上醒目的文案到简短而有分寸的电子邮件答复，都可以帮助你赢得读者的信任。在早期阶段，你可能比其他任何人都更专注于构建受众社群。找到能认同你的价值观并希望听到你声音的群体，需要花费时间。本章涵盖内容包括：

- 找到和培育属于你自己的读者群体
- 写作博客、发送邮件新闻与社交媒体发帖
- 通过成长和变化，与读者保持紧密联系

让我们看一下何为读者群体意识，以及为何用他们能懂的话语来和他们保持紧密联系非常重要。

第七章
打造读者社群

# 一、读者群体很重要

我们来看看“读者群体”这个词。我们用“读者群体”来指那些关注你所说内容的忠实读者。他们是率先采用你产品或服务的早期用户。他们是你的回头客，或者是向你发送电子邮件以寻求建议的人，或者是在活动中主动找你谈话的友好陌生人，他们是在 Twitter 上关注你、订阅你的新闻通讯，并在你的博客上发表评论的人。社群里的人可能看起来个个都不同，但你知道他们是谁。

## （一）了解你的角色

尽量不要将读者视为粉丝或追随者。这种视角是一种单方面的关系，与你要尝试做的事情正好相反。社群建设是与人们建立真正的联系。可悲的是，许多企业认为这等同于在 Facebook（现已更名为 Meta）上获得点赞或在 Twitter 上获取粉丝。

在你撰写文本时，请思考你在读者生活中所扮演的角色。可能只是个小角色，没关系。你越认清现实，就越容易满足他们的需求。你自己也要成为你社群的一部分。可以将其想象成你在自己房屋周围打造邻里关系。

要聆听读者的心声。与读者建立关系后，请花点时间维护这些关系。如果你向人们提供他们想要的东西，他们就会站在你的立场上。随着时间的推移，你的写作感受会变得更加舒适。在某些时候，他们会知道从你这里能获取到什么，并同他们的朋友一起谈论你。口口相传的宣传效果比在网络上搜索的效果要好。所以像 Twitter 和 Facebook 这样的社交网站可以为你的业务提供帮助：人们信任朋友推荐的好东西。你的公司可以整天自己发文叫卖，但其效果永远不会如人们主动发布一些说你好话的推文。

## （二）找到你的群体

那么，从哪里开始呢？就从找到你的群体在哪里并且观察他们开始。在 Twitter、Facebook 和搜索引擎上查找你的公司名称或网站。看看人们怎么说。查找有关你的产品和服务的评论。记下这些内容：他们感兴趣的是什么？他们是如何找到你的？他们使用哪种说法来描述你的公司？他们所希望得到的和你的想法有什么不同？这将带你进入社群建设的核心。

它还将帮助你以实用的方式提高写作水平。如果很多人通过寻找“简单的素食食谱”找到你的网站，那么你可能就会想发布更多简单的素食食谱。随着你日益了解读者，你可能会注意到他们对你的公司也会好奇。他们能够让你了解他们到底需要什么。

一旦你对社群有了更好的了解，就可以使自己的内容更加有趣，也可能会发现社群里一些读者对你的内容有困惑，这会激发你写作时使用更清楚的语言表达，或撰写新的帮助文档。

## （三）学习他们的语言

看看人们是如何找到你的网站的，在网站的用户分析中查找用户来源，从而可以得知读者来自何处，并了解他们是如何谈论你的。

当人们搜索关于你公司的信息时，他们通常会搜索你的公司名称和相关的关键词。例如，如果某人正在寻找一家餐馆，他们会搜索餐厅的名称及其所在区域，或所提供食物的种类。谷歌称其为聚合搜索。然后你会在网站的用户分析中看到这些关键词。这种联系可能会让你感到惊讶。如果关于你博客的第一个关键词是建筑，但你是一家室内设计公司，那么你可能需要在文案中更多地谈论室内设计。

找出最受欢迎的文章和页面，以及人们花费多少时间阅读它们。也许它们的标题具有相似的风格，或者帖子涉及相似的主题。牢记这些，不要陷入数据的深渊。不要用数据来概括你的内容，而是要考虑哪些主题、标题和样式适合读者。

## （四）考虑如何写信息

在开始动笔前，考虑分享信息的最佳区域。你想传达什么？你要说多少？如果你要共享详细信息，并且需要足够地方来容纳单词和图像，那么博客文章可能是最好的选择。如果你只想发布快速链接，则社交媒体更有意义。但是，如果你需要告诉客户你的公司正在被收购，那你就应该给他们发送电子邮件，说明他们的数据将如何处理。尽早做出这些决定很重要，因为它们会影响你写作的方法和语气。

现在我们探索一些特定领域，这些将有助于你建立忠诚的社群，打造和你保持紧密联系的读者群体。

# 二、博　　客

你的业务或许涉及博客，或者你的业务就是你的博客。不管怎样，无论哪种方式，你的博客都是与读者交流的好地方。通常，博客文章的语调可以随意一些。人们之所以在阅读你的博客，是因为他们对你所说的内容感兴趣，已经有了一定程度的信任。要保持友善，并使用读者能理解并且不会降低内容品质的语言。我们喜欢写手尼尔·盖曼对博客创作的建议：

> 使用你的博客去联系读者，把博客当作你本人。不要把它说成“网络工具”或“推广”。在上面好好说话就行。①

不管你在写什么，都要将重点放在真诚上，而不是过于润色字词。与你的读者交流，就像你与认识的人交流一样。

## （一）制定主题

“我应该写什么博客？”这是我们经常听到的一个问题。

① http://publishingperspectives.com/2010/05/%E2%80%9Cconnect-dont-network-author- blog-award-winners-gaiman-benet-on-blogging/.

如果你是专业博客作者，那么你已经拥有每天都要写的主题。从那里开始，选择子主题、类别和角度就可以了——并保持创意畅通。如果你有自己的企业博客，请考虑将重点扩大到整个行业或相关领域，而不是专门撰写有关公司信息的博客。我们的虚构商店下风书店可能会在公司博客上发布有关儿童文学的评论，而服装精品店可能会涵盖与时尚相关的主题，不会只强调商店中的产品。你是该领域的专家，应撰写一些有趣的话题而不是一直聊自己。要让人们对公司所有博客内容都感到兴奋是很困难的，所以要写真正有趣而且有用的主题。

不要因为很长时间没发帖而强行发东西。如果你不喜欢它，那将在你的写作中体现出来。如果你大脑里有博客文章的灵感，那么你会发现自己很振奋。每当发生这种情况时，就做个简短的笔记或分享一个主题到 Twitter 的推文或 Facebook 的帖子中，并在日后的博客文章中再展开写。这也是在你致力于撰写某个主题之前评估社群读者对其是否感兴趣的好方法。

## （二）与撰稿人一起工作

随着读者人数的增加，你需要越来越高的发布频率，或许你会想邀请别人加入到博客撰写中来。你应该给他们提供具有说明声音和语气标准的《写作指南手册》（参见第十二章），并确保他们了解你的来自不同群体的受众。

给你的撰稿人一些在声音和语气上进行发挥的空间。这样人们在阅读博客时会明白，有不止一个写手在写文。只要你的撰稿人坚持你的写作原则，他们可以保留一定的个人风格。撰稿人可以贡献不同的内容并让读者感兴趣，你不用打造一个只有统一风格的官样账号。

有些公司根据实际情况，给每篇文章都署上了不同的作者。我们不建议你使用公司集体署名，因为这会使你动笔的团队成员感觉没有参与其中，而让没动笔的人忝居其功。

## （三）文章类型

尝试不同类型的文章，看看哪种是适合你的。这里有几个在各个行业都适用的方法，具体有以下 5 个。

（1）博客是分享公司新闻和更新信息的好地方。在那里可以宣布你要举办的活动，职位空缺，以及新商店的位置。

（2）产品和科技公司可以重点展示特色产品和发售信息。一些公司已经完全放弃了产品发布会，因为博客文章的有效性提高了十倍。

（3）由于博客文章中可以包含很多照片图像，因此它们也是分步说明和介绍操作方法的好方法。

（4）可以分享案例研究和客户故事，以突出人们在你的社群中所做的事情。

（5）许多博客都在发布有关单个主题的系列文章。例如，一个生活时尚博客可能会有“周一餐食”的专题，或者一个在线商店可能会每周发布“客户聚焦的产品”。

## （四）博客基础知识

现在讨论写博客文章的一些技巧。

### ❶写清楚标题

标题应引起人们的注意，并用几个词解释该文案的内容。如果你可以说得清楚又有技巧，那就更好了。避免使用含糊的语言和空洞的热情，比如：

新的城市旅游指南

相反，应添加有用的详细信息以吸引读者：

城市指南：新奥尔良的24小时

同时，要远离烦人的标题党：

你永远想不到这个孩子用纸做了什么事

而是，要让读者知道你会讲什么：

这是梅赫姆，一位四岁的时装设计师

如果你在撰写标题时遇到麻烦，请浏览自己喜欢的杂志或新闻网站，看什么会吸引你的眼球。查看句子的结构，并使用类似的措词。下一章我们将介绍标题如何写。

### ❷分解文本

篇幅短的段落通常在博客文章中效果最好，使用图像、列表和副标题来分解段落。如果你有三个或四个关于同一主题的连续段落，请添加子标题来帮助人们浏览。

### ❸使用外部链接

不要试图让人们永远留在你的网站上。在适当的地方，提供会转到别的文章和网站的链接。如果人们喜欢你的文章和你分享的内容，他们会回来获取更多信息。

### ❹阅读评论

当读者对你的帖子发表评论时，花时间回复他们。让他们知道你在聆听，并留意他们的问题或主题，以在另一篇文章中予以回应。

### ❺制作编辑日历

一个简单的编辑日历，可以帮助你提前安排好后面该发表的内容，规划好你想在博客或网站上报道的主题，并有条不紊地跟进多个主题。

博客通常可以包括以下主题：

- 常规信息：工作标题，主题，类别或标签
- 详细信息和目的：目标，受众，关键字和号召性用语
- 研究笔记：主题专家，资料来源，参考文献

■ 工作流程：作者，编辑或审阅者，草案状态，预算，截止日期

即使是一个简略的编辑日历，也可以让你按既定计划发表内容。

如果你没有想说的，则不应发布任何新内容，但请不要让你的博客持续数周不更新。人们可能会回过头来看几次，然后就会完全放弃。如果有时间，请创建内容储备库，以备不时之需。

## ❻遵守规则

请确保你具有使用发布图像的权限，并在可能的情况下署名为原创者。如果你引用某人的内容或受另一篇文章启发，则需要给出来源。有些来源对引用有要求，请在引用之前获取他们的许可。非营利新闻组织 ProPublica 网站上有一个精彩的板块，称为“请窃取我们的故事”。[①] 只要遵循一些规则，任何人都可以免费使用他们的文章和图片。

注意针对博客作者的法律法规，尤其是信息公开领域。[②] 如果你有偿写一篇文章，你的读者需要知道你的资助人是谁。如果你收到赠品或在评论产品，则需要告知读者你是何时免费收到这些物品的。在《写作格式指南》中，为有偿写作标好样式。

博客为你提供了发挥空间，并能涵盖读者关注的所有主题。电子邮件，则是另一个绝佳的选择。

---

① www.propublica.org/about/steal-our-stories/.

② www.ftc.gov/sites/default/files/attachments/press-releases/ftc-staff-revises-online-advertising-disclosure-guidelines/130312dotcomdisclosures.pdf.

## （五）请在发送邮件之前仔细思考

发送电子邮件成本很低（甚至免费），因此人们动不动就忍不住想发邮件。请勿这样做！这会使人们烦恼，他们将取消订阅邮件，或更糟糕的是将你的邮件标记为垃圾邮件。要找到发送邮件的正确频率是需要反复尝试的，但最好的经验是仅在你有话要说时才发送电子邮件。尊重读者的时间。确保每一封邮件都有必要且很有用，否则应保留读者收件箱中的神圣空间。不必每天或每周都发送电子时事通讯。如果你发送主题为“每日灵感之词”之类的邮件，那么你自己就会陷入每天的电子邮件汪洋大海中。思考一下什么对你读者有意义。可以通过用户注册页面，或通过观察你的邮件打开率、点击率和退订率来找到答案。

### ❶有礼貌

发送邮件前要获得对方允许（法律规定如此）。告诉他们你会提供什么产品并且何时提供。如果打算更频繁地开始发送电子邮件，请提前告知订户，以便他们有机会考虑一下是否继续订阅。如果读者注册是为了长期接受关于啤酒的文章，结果却获得了有关玻璃器皿的销售广告，那他们不会很高兴。当然，在每封电子邮件中都是包含有明确的退订链接（这也是法律规定）的。对于一只脚已经迈出门外的人，你怎么拦他们也没有用。

### ❷明确主题线

在接受《大西洋月刊》采访时，史蒂芬·金就一本小说的开头说："应邀请读者来一起开启故事。应该对他们说，我有个故事，快来听。"[①]这也适用于邮件标题栏，标题栏应该相当于请他们来阅读的邀请函，应保持描述性和简洁性。

在标题栏告诉读者邮件里会说什么，而不是一口气全部透露内容。让人们知道你在写什么，以便他们可以决定是否需要打开，几乎所有电子邮件服务提供商都可以让你快速测试标题栏的效果，以了解哪一个标题最适合你的读者。

### ❸不要像机器人一样说话

在"发件人"行中，使用你的姓名或公司名称。你的读者希望感觉这些消息来自真实的人，而不是电子邮件机器人。用你的名字或团队的名字，是一种表现个性化的简单方法。

### ❹新闻通讯邮件类型

决定发送什么是困难的。以下是一些可能对你有用的想法。

（1）发送传统的每周或每月的时事通讯，不会出错。我们看到非营利组织需要定期更新其捐赠者、董事会成员和志愿者的情况。初创企业和成长中的企业可以记录自己正在从事的工作。

---

① 乔·法斯勒："为什么斯蒂芬·金成年累月都在构思故事如何开头"，《大西洋月刊》，2013 年 7 月 23 日。www.theatlantic.com/entertainment/archive/2013/07/ why-stephen-king-spends-months-and-even-years-writing-opening-sentences/278043/

（2）发布者通常会将他们已发布的内容和本周的热门文章进行汇总。如果发布过大量内容，则可以将电子邮件新闻通讯整理为内容汇总。“设计海绵”的格蕾丝·邦尼就经常在发送给顾客的邮件中整理一些她博客里的一周热门帖，并根据相应主题对其他文章进行汇总，添加一些最新的消息。

（3）如果你为不同的出版机构写作，你的读者可能会想看你近期的工作集锦。自由作家安·弗里德曼每周发送一次通讯，名为《安·弗里德曼周报》，在那里，她分享自己写的文章和正在阅读的文章，以及其他有趣的东西。

（4）有些写手使用电子邮件进行长篇大论的写作，无论你发送的是独家内容，还是打算修改后再在其他地方发布的文章，一些读者都愿意和你一起走完写作的全程。

（5）回报忠实读者的一个有趣的方法，是给他们发送你的幕后工作情况。发送工作空间的照片，产品背后的故事或近期项目的教训。

（6）如果你是线上卖家，可以发送简短的营销电子邮件，例如有关你的产品、促销信息和即将进行的销售的新闻。我们将在下一章讨论营销，但是在这里先提醒一下，不要用枯燥的促销信息来填充别人的收件箱。

**附：社交打印工作室的电子邮件**

社交打印工作室是一家新兴公司，以研发 Instagram 照片打印工具 Printstagram 闻名。在它们所有的文案中，都可以看见有趣活泼的风格。

社交打印工作室的创始人——本杰明·洛坦亲自撰写了公司的很多文案内容。该工作室的电子邮件通常附有特别优惠信息或产品公告，但上面也有关于该团队办公室的猫的轶事，以及其他一些个人详细信息，使读者感到自己是本杰明人际圈内在的一部分。“这太过个人化了，是有点奇怪，但我只是试图如实讲述我们的业务。”他说。电子邮件是实现和读者达到这种友好程度的理想工具，因为订阅邮件的人，等于已经同意邀请本杰明进入自己的私人圈子。

他知道他的业务还处于早期阶段，所以他专注于电子邮件营销，并且积极打造粉丝社群。“电子邮件营销的目标是让我们的顾客和粉丝从情感上和我们联系起来，然后服务他们。”总是吹嘘自己的官样邮件会让读者望之却步。但当读者从他们喜爱的公司的CEO那里直接收到有趣的邮件，该公司的商品广告会让人感觉更好一些。

本杰明对公司发布的内容了然于胸，并亲自撰写部分邮件。“我自己来写，因为不确信别人能写得好。”“这家公司是我的孩子。随着公司发展，它也仿佛进入了青春期，而我是它的父亲。我周末晚上11点或者凌晨4点会发送电子邮件，并确保邮件内容是我想要的。”

# 六、社交媒体

对于许多公司而言，“社群”是“社交媒体”的代名词。但请不要被这个给骗了。你可能会在 Twitter、Facebook、Pinterest 或 Instagram 上找到忠实于自己的粉丝社群，人们一定会通过好友找到你，但建立社群远不止在 Twitter 上发帖。下面 4 个问题值得注意。

（1）**记住你的业务目标。**选择对你有意义的社交媒体网站，并且不要过度扩张自己。软件公司在 Twitter 上比在 Pinterest 上表现更好，但是对于食品杂志来说，在 Pinterest 发布菜谱和照片是很有意义的。在注册每个社交网站之前，请先考虑你要涵盖的主题，然后再考虑最好的分享方法。

（2）**发扬自己的风格。**进行对话式写作并鼓励读者回复。因为字数可能有限，请进行检查以确保没有发布无意义的内容。做你自己并专注于发布有趣的东西，而不是刻意引起轰动。

（3）**参与。**社交媒体不应该是一条单向的街道。人们关注你是因为他们可以与你互动，而不仅仅是因为你可以向他们推销产品。客户可以使用这些渠道向你提问或对你的内容做出反馈。要回应他们。人们也需要技术帮助，因此需要发送给他们正确的指导方向。

（4）**不要冒昧介入。**一些公司在监控 Twitter 和博客，发现人们在谈论其品牌名称时，每次都会介入有关他们的对话。

不应该这样。如果有人@你一些问题或评论，要立刻回复。但如果人们只是在聊天，就不要介入。在社交网站上共享内容时，请记住要表现出自己人格化的特征，并考虑如何与新读者建立沟通桥梁。

**附：“设计妈妈”的成长社群**

加百利尔·布莱尔于2007年开设了一个名为“设计妈妈”的博客，内容是“艺术设计与母婴话题交织的地方”。当时，她是纽约的一名艺术指导师，有五个孩子，她的同龄人常向她征求有关婴儿用品、生日派对和养育子女等方面的建议。此后，她的博客发展成为一家拥有全世界众多读者的企业。她还与人共同创立了一个名为Altitude Summit的博客年度会议，并与摄影师、广告商和其他作家合作。虽然业务内容很多都改变了，但布莱尔仍然通过设计的视角来讲述育儿问题。

随着时间的推移，她进行了一些调整以适应博客的发展，并且她有在认真听取社区粉丝的反馈。去年，她招募了一些撰稿人为“设计妈妈”撰写文章。他们都是卓越的写手和长期读者，但是读者们表示不喜欢这种变化。她说：“尽管我在2013年每天仍在写作，但我收到读者的反馈是他们渴望听到我自己的更多信息。”于是，虽然她仍把一部分博客的内容外包出去，但是她又开始重新自己撰写大部分的内容。

布莱尔说，在个人层面上与读者建立联系的最好方法是诚实地写作。她说："对我来说，所有撰写的内容都可以反映出我一生中发生的一切。""如果我很挣扎，我就如实告诉我的读者。我对生活中的某些事情充满热情，就会与读者分享。"她还努力倾听，并抽出时间来回应读者的评论。阅读读者的评论并和他们对话，有助于她评估对读者而言什么内容最为重要。

布莱尔知道自己不能参与网站上每一次对话，因此她鼓励社区成员相互联系。"我希望'设计妈妈'成为一个使各行各业的女性都能轻松分享自己的想法和经历的地方。我们的经历千差万别，而且往往彼此的对比和冲突很强烈。因此，我一直在努力为'设计妈妈'营造一种非常好的评论文化，"她说，"无论主题有多争议——税收、应该有多少个孩子、整容——用户都可以分享她们的经验，而不必担心面对抬扛或被贬低。这点非常重要。"

## 七、保持联系

在读者人数增加或产品发售时，你要感谢社群的读者。记住这些人，无论你的公司规模有多大或你有多忙。努力工作，使读者们保持快乐。保持联系的方法是回复他们的帖子、评论和电子邮件。活动结束后与他们交谈并向他们提问。也让他们问你问题。如果你一遍又一遍地听到类似的问题，请考虑制作一些常见问题和答案的列表，以帮助读者更多地了解你。将它发布出来，并且在读者经常访问的页面给出链接。

让你的作品更加个性化。如果是销售产品，请在销售政策上尽量用个性化的描述。人们会很高兴收到货品包裹，因此这时候是给他们留下深刻印象的好时机。如果你与客户合作，请亲自动笔写感谢信。如果发送电子邮件通讯，可以附赠折扣或惊喜礼物以感谢你的订阅者。记住一些细节，例如在你的电子邮件末尾签名。

## 八、寻求反馈

询问你的读者，他们最想从你这里听见什么。在活动场所遇到读者时，询问他们的反馈，或者向你认识的读者发送邮件。可以通过一些线上工具来进行简单的调查。仔细考虑你想向读者了解的内容。写下一些明确的问题，并保持简短的风格。避免出现引导性或偏见性的问题。

比如：

*你是否喜欢经过我们全新改进的网站设计？*

取而代之的是保持中立色彩的描述：

我们最近更改了网站上书籍的排序方式。你如何看待新版式？

无论发送调查问卷或非正式电子邮件，还是与日常生活中的读者交谈，都要养成请求反馈的习惯。这是与读者保持紧密联系并提高写作水平的简单方法。你的读者将很乐意告诉你他们喜欢什么、不喜欢什么，以及其他你想知道的信息。

# 第八章

# 做好营销，但无需吆喝

想想你最喜欢的那些公司。它们卖什么？你非常喜欢它们什么？现在考虑一下它们与你交流的所有方式。也许你浏览了它们的网站或观看了它们的广告。或者，你可以订阅它们的新闻通讯，或在社交媒体网站上关注它们。它们有可能以协调、和善与易于理解的方式写作。这就是你爱它们并不断光顾它们的原因。

有些人对营销的想法感到畏缩。许多公司做令人讨厌的事情来销售它们的产品。但是，营销不必扭曲真相，也不必表现得刻薄。如果你对营销的概念不满意，请继续阅读。我们将帮助你无需恶性营销也能写出营销文案。

帮助读者并使他们开心，是你可以做得最好的营销方式。建立社群后，你甚至可以依靠社群中的人来为你做一些营销。喜欢你和你的产品的人会告诉他们的朋友。因此，在花费大量时间和金钱做营销之前，请确保当前的读者和客户满意。如果你做得对，他们会传播对你的爱。

当然，你的客户不能为你做所有的营销。作为写手，你的工作之一就是告诉人们你在卖什么，并说服他们采取下一步行动：购买产品，使用服务，阅读文章，或雇用你本人。在本章中，我们将讨论：

- 有效的营销文案的写作原则
- 如何为你的公司撰写市场文案
- 撰写简介、标语、登录页面、产品说明等

这些概念和示例将向你展示如何编写有用的营销文案，以帮助你在无需用力吆喝的情况下进行销售。

## 一、我们都在做市场营销

正如大卫·帕卡德所说的那样，“市场营销太重要了，不能留给市场营销部门。”从事网络写作的每个人都需要了解市场营销的重要性。无论你是否在市场营销团队，你都在从事有关于人们可以购买、使用或阅读的商品的工作。我们都有可以出售的商品。如果你是博客作者，则可能会打造自己的名字品牌并推销自己。如果你提供了服务，则是在出售自己的专业知识和经验。如果你出售产品，那么在建立客户群的过程中，很重要的一点就是以友好的方式介绍你的产品。

内容几乎就是一种广告，即使你最初不这么打算。

丹尼尔·平克在《人就是想卖东西》一书中说：

> 好的销售，就是说服别人交出某种手上的资源——不是在剥夺这个人，而是让他以此让自己过得更好。这就像一个好的代数老师所做的那样。在学期开始时，学生对这门学科知之甚少。但是老师努力说服他的班级同学交出一些资源——比如用在别处的时间、注意力和努力等，将资源放在代数学习上。如果他们这样做了，他们在学期末就能获得好的代数成绩。

不管你是否想让你的读者买东西、阅读你的博客或者信任你的品牌，都要告诉他们，为什么他们购买你的产品后生活会更好。

## 二、讲好你的故事

一个好的故事可以引起人们的注意。你的故事应该能告诉人们一些新的东西，并且激励他们加入到你的事业中来。很难预计什么可以引起人们的共鸣，所以可以先从你的朋友那里进行练习。思考一下你卖的东西里面，有什么可以让你兴奋起来。

你的故事应该是关于你如何开始你的事业，以及你为何要做这个业务。夫妻店“Quinn 爆米花”把他们的故事印在每一个包装袋上：

我们的儿子 Quinn 出生时，我们定下目标，要做出一款我们最喜欢的儿童食品。这花费了好几年时间，但事实证明，它是可能的。①

这一段文字，会让你在撕开一袋爆米花前停下片刻看上一眼。在受众没有准备的时刻突然向他们讲一段自己公司的故事，是一个经过深思熟虑后采取的做法。他们网站有专题栏目放上了他家的照片，博客则发布新口味、新包装设计以及这家食品初创企业所经历的挣扎和困境。他们像推广爆米花产品一样推广他们的故事和价值观。同时他们也让人们发现了原来爆米花可以做得更好吃。他们专注于产品质量本身，而不只是包装。但是在几乎每一份市场文案上，他们都使用了诸如“农场直供”“干净的微波炉爆米花”“重新发明微波炉爆米花”等说法。

如果你有有趣的故事，要用各种方法和你的读者分享。专注于介绍你的业务为何重要。如果没有特别的故事，那也无妨。交给你的市场文案去做，而你去专注于你要帮助的人们本身。

要写有趣的故事，不要写成网站“关于我们”文案的加强版。大多数人不会去读关于你公司历史的长篇大论。

① 丹尼尔·平克 . 人就是想卖东西：如何打动别人的惊人真相 . 纽约：纽约 A Book Apart 出版社，2013：38.

# 三、营销原则

你的市场文案应该真实反映公司的精神。可以充满激情，只要听起来的确是你会说的话。下面是一些能让你保持真诚的基本原则。

## （一）清楚

不要使用夸张的比喻和华丽的语言，相反，要选择人们能理解的语言，保持简洁，要有交流感。不要使用术语。如果你卖的是珠宝，就管它叫珠宝，而不是“穿戴配件”。如果你卖的是办公用具，就叫办公用具，不要叫它们“公司解决方案”。清楚比独特更重要。

## （二）专注于能给读者带去什么

告诉人们你可以如何帮助他们，把注意力放在你的实际特长上。听取顾客使用你们产品的原因，而不是自己大讲你认为他们为什么需要购买你的产品。不要吹嘘自己是最好的、最有效率的或者最有力的。那往往都不是真的，尤其对初创公司的人而言——因为我们常常都不会是最好的。但最重要的是，读者能通过那种语言猜出你的真实情况。通过诚实的语言和遵守信用，你就能赢得读者的信任。

注意你的动词和修饰语，因为它们往往会掩盖更重要的词。比如宣称一项通知是“无与伦比的让人激动”，并不能让它真的就变得令人激动。相反，要说清楚为何让人激动。比如，也许你是在介绍一些真的能解决实际问题的举措，比如对环境有利，比如帮人们解决了工作问题，比如教会了他们新技能，或者能让他们放松下来。

**附：克里斯蒂娜·哈尔威森对市场人员的建议**

克里斯蒂娜·哈尔威森是“大脑交通”公司的CEO，也是《网络内容战略》一书的作者。她研究关于宏观层面上的公司文案销售问题，并且为客户提供文案撰写与市场咨询。

克里斯蒂娜说，许多市场团队都忙于投身社交媒体浪潮，而忽视了客户的基本需求。“我觉得市场人员应该停一下，深呼吸，然后和客户聊聊，不是聊他们喜欢什么，而是聊他们需要什么。并且作为市场人员，我们需要勇敢地去倾听客户在说什么。”她说，“如果你是卖清洁用品的，而你的产品却无法帮助顾客把孩子牛仔裤上面的泥土洗掉，那你的客户就不会在乎你的 YouTube 视频做得有多精彩。”

克里斯蒂娜强调，设置长期目标非常重要。“市场人员容易衡量短期目标行为和产出，比如这次活动办得如何，我们的邮件打开率如何，我们在 Facebook

上获得了多少赞，诸如此类。我相信真正的市场内容是能满足我们客户在购买过程中的需求的市场内容，其中也包括售后阶段。”她补充说，“市场人员应该考虑技术和支持服务内容，这和营销内容同等重要，并且保证他们撰写的营销文案能支持公司的目标，满足读者的需求。”

## （三）有用

一些公司依旧认为，市场营销就是让人看见。他们相信如果能够让他们的公司名或产品吸引人们的眼球，人们就肯定会买。这种方法的问题在于，当你想与所有人同时讲话时，你通常会发现，这等于你没有和任何一个人在说话。

营销，无须用麦克风大声吆喝，相反，你应该先确定要与谁交谈。这需要调研，与真正的客户交谈。为你的主要和次要受众群体提供与产品相关且有趣的优质信息。不必再去想你那些不会与之开展业务合作的人。

回想一下你上一次经历的良好的购物或就餐体验。也许服务生让你感到宾至如归，一切都很顺心，或者销售员耐心地回答你所有问题，而没有催着你购买。有效的营销是在正确的时机向正确的人说正确的事情，而并不需要令人厌烦地推销或用力过猛以吸引别人。好的销售不会不尊重或故意操纵读者。他们是在销售东西，但他们的服务却非常有用并且周全。

## 四、营销文案也很重要

思考一下你公司的特色。你的产品如何改善人们的生活？你希望读者从你的网站中获得什么？这些是你的营销文案。它们告诉人们你的公司与众不同，以及为什么应该留意你的公司。

营销文案可以帮助你确定想要覆盖的营销要点，并且能用不同的文案类型来表达相似的营销理念。

关于营销，我们建议编写一条主要信息和一些次要信息。例如，以下是下风书店的主要信息：

下风书店是一个有趣的地方，孩子们可以在其中找到要阅读的新书。

此信息应该贯穿在下风书店的所有文案内容中，在文案中传达出这一重要信息。

次要信息通常代表更具体的需求，或者说是只服务于部分客户。厄恩·基珊在《内容战略要素》一书中将这些信息分为三类：理性信息，情感信息，品牌可信度消息。[1]让我们来看下风书店的例子。

### （一）理性信息

这类信息能够触动读者的理性思维。它们关注实际的日常

① 厄恩·基珊．内容战略要素．纽约：里弗黑德出版社，2011：29.

需求，例如解决问题或节省时间和金钱。下面是两个例句：

我们精心挑选每本书，这样你就不必再自己挑选了。

订单超过 25 美元免运费。

你还可以承诺为读者提供娱乐活动，或者教给他们一些新的东西，例如：

我们在店内举办活动，孩子们可以在这里与自己喜欢的作家见面。

当孩子们店里探索知识时，父母也可以在店里度过美好时光。

告诉顾客你的特色所在，也许你在出售独特的书籍或接受二手书籍。这些事情对顾客很有用。

## （二）情感信息

情感信息吸引着人们的感觉、希望和梦想。它们更激励人，并显示出柔和的一面。

阅读很有趣，因此你可以清楚地说明这一点：

读书很有趣，我们的商店充满让你惊喜的书籍。

读者怎么高兴，你就怎么说，满足他们的好奇心，让他们一天都有好心情。

阅读是在晚上放松身心并与孩子共度时光的好方法。

在书籍中查找你感兴趣的任何内容。

如果你知道你的读者对某件事充满热情，你就可以诉诸情感信息。

### （三）品牌可信度信息

你也可以谈论你的品牌可信度。一些顾客希望看见他们的品牌选择是正确的。如果你在 Facebook 和 Yelp 等社交媒体网站上有账号，请在简介里添加。以下是对小型企业的一个示例：

我们在 Yelp 上有 20 条五星级评论。

无论你选择哪些信息组合，将其写成文字并用它们来表达观点之后，顾客就会开始将这些信息与你的公司相关联。你可能需要根据自己公司的成长阶段来修改信息内容。请定期重新查看，以确保它们与你的最新优势相匹配。

## 五、介绍自己

现在，你已经说清楚你的公司特色，可以开始往文案里添加其他市场信息了。从你个人的简介开始是一个不错的起点。

## （一）个人简介

你讨厌写个人简介？我们听到了你内心的声音。写个人简介的压力很大，但每个人都需要个人简介，并且能够写简介是一项很重要的技能，我们建议你至少编写两个版本的个人简介：一个较长的版本和一个简短的版本。无论你从事哪种业务，在不同的情况下都需要使用不同长度的个人简介。比如，在网站"关于"页面你需要一个较长版本的简介，在社交媒体、活动页面和新闻发布会上，则需要简短的个人简介。

首先写长版本。不需要过长，四五个句子就可以。告诉别人你做什么，使用他们熟悉的术语，然后告诉他们你为什么这么做。

首先，确切说出你在做什么。以下是一些提示，可以帮助你开始：

我是（谁）。

我们是（怎样的）公司。

这意味着我们可以做（什么事情）。

我们可以帮助人们（什么）。

我的日常工作是（怎样的）。

然后说明为什么从事这项业务。这一部分可以灵活、好玩儿或激动人心，按你的风格来。

因为我爱（什么）。

因为人们需要（什么）。

我们相信（什么）。

我在乎（什么）。

使用这种简单的结构，就可以写出下风书店的简介：

下风书店是一家位于匹兹堡的儿童书店。我们出售精选书籍，举办夏令营和开设能鼓励孩子们热爱阅读的课程。我们还提供书籍供大人在孩子店内探索知识时阅读。我们相信阅读的力量。

你的简介可能包括有关公司规模、客户、最近的项目、功能或网站的详细信息。你可能还希望包括针对新闻界、投资者或客户提供专门详细信息。在写完主要内容后，加上这些元素，最后再用一句话总结。

现在，让我们来看看个人简介的短篇版本中最重要的部分：你的简短版履历应该能用一两个句子来说明你的工作。

下风书店是匹兹堡的一家儿童书店。我们提供精选图书，并举办夏季阅读营。

如果你是自由职业者，请写下一个基础文本，以免当客户问你做什么时，你结结巴巴说不出来。文本的基础样式是：说明你的工作是什么，但不要说从事这门工作的原因和目标。一个自由工作者的文案可能是这样的：

我是一个自由设计师。我帮助客户创建美观的网站和移动应用程序，同时也从事市场营销活动。如果你有合作需要，我很乐意和你沟通。

## （二）品牌宣传语

你听说过经典的宣传语吗？“喝牛奶了吗？”“Just Do It”和“离家莫忘”，这些简短醒目的宣传语通常出现在公司徽标下方或广告语结尾。宣传语并非总是适合于放在网站上，因此一些公司网站不使用它们。它们可有可无，但可以设计得很有趣。

宣传语为你的营销工作定下基调。如果你在广播、电视、广告牌和网络等不同的地方都能展现宣传语，就可以使你的公司更令人难忘。当你向团队成员提出自己喜欢的宣传语草案时，请在不同的场景下对其效果进行想象。标语必须在大声说出来时让人觉得好听。下面是一些例句：

送餐服务：你的食物到了。

房屋租赁公司：找到驻足的地方。

音乐和音频社区：聆听世界的声音。

这些宣传语都用几句话告诉顾客可以从中获得什么。

如果你决定撰写宣传语，请先进行头脑风暴。考虑一下你希望人们如何看待你的品牌。记下与你的使命和主要营销信息相匹配的单词和短语。你的宣传语应该是活泼而令人难忘的，听起来应该是你自己在大声说话。砍掉所有过于含糊的用词，并给顾客留出一些想象的空间。

### ❶活动宣传语

一些公司会为特定的广告系列或产品发布撰写宣传语。与品牌宣传语一样，广告系列宣传语出现在多个场所。苹果公司一直在这样做。当它推出新产品时，它会到处使用宣传语：在产品页面、标牌、广告牌和广告上。以下是一些例句：

iPad：你的诗歌是什么？

iPhone 5c：生来多彩

iMac：一体式，多面手

所有这些宣传语都触及该产品的特殊之处。iPad 的宣传语让人振奋。iPhone 则说明了 5c 系列的特征，iMac 则更直接地告诉你可以得到什么。

## ❷关于品牌宣传语的大写

一些公司将宣传语和营销语大写，以将其作为自己的标志性口号。这对于想要与竞争对手区分开来或使用特定字词（例如 Pin，Tweet 或 News Feed）的软件公司很有用。但即便大写，人们往往还是会忽视习以为常的词汇。所以如果采用大家都熟悉的词汇来作为品牌宣传语，最好三思而后行。

## ❸头条资讯

网站的头条资讯，对突出特定信息或总结网站上的营销页面信息非常有用，可将其视为门户的亮点。头条资讯可以很有趣，但也应该切合实际。以下是两个建议，可以帮助你撰写有效的营销标题。

直接用动词。用一句完整的话回答这个问题：你希望人们如何使用你的网站？以下是下风书店的两个例句：

我们想帮助人们找到他们喜欢的儿童书籍。

我们希望人们报名参加短期的店内活动和夏令营。

下一步，直接切入动词：

找到最喜欢的儿童读物。

参加短期的店内活动和夏令营。

这个可以直接做标题，或者说，至少也是一个很好的文案写作起点。

**显示权威感。**让我们设想，有一刻你掌握了整个宇宙。你想让人们做什么？用清晰强大的声音告诉他们。以下是一些例句：

每天阅读书籍。

查找新书籍。

明天插画书打七折。

这些话很直率，但听上去不错。它将使你的句子更简洁。

现在，我们开始处理你的网站首页或市场销售页面的内容。

## 六、回答问题，卖掉产品

完成自我介绍后，把商品最重要的细节突出出来。你无需在首页上详细说明网站各部分的内容，给人们做出一个概述即可，然后为他们指出正确的网站浏览指引。他们可能会对首页粗读和浏览，因此要保持内容简洁集中。

要解决现实世界人们的需求问题：你在出售什么，用途是什么，目的是什么，意义是什么，以及哪里能够买到。采用平实的语言。如果使用花哨的用语或短语，你可能会陷入幻想王国。让你的读者了解你与竞争对手的不同之处，无需使用“更好”和“最好”这样的词。动笔前列出你想回答的问题，并在完成草稿后检查是否都一一回答了。

## （一）产品和活动描述

简短的文案描述对于展示产品、功能和活动很有用。也许你是在本地教授课程或进行演讲，或者你出售应用软件或手工商品，都可以使用简短的文案告诉人们，他们花费时间、金钱和精力后能得到什么。

### ❶重要事项靠前

把最重要的细节放在文首，想想什么会吸引读者点击下一页或购买产品？着重传递清晰的内容而非打磨文字技巧。

可以预先设计一个用于描述事物的文案模板。如果你要销售产品，模板中请囊括进价格、产品名称、颜色、尺寸、材料和制造商。如果你撰写的是有关活动的文案，请提供日期、时间、位置以及诸如是否提供食物之类的详细信息。比如，下风书店的图书信息，可以包括书名、作者和出版商名称，以及重要内容、价格和有关书籍厚度与质量情况的说明。

### ❷把文案写得易读

使用积极主动的语气。告诉顾客，你想要满足他们何种需求以及如何满足。如果你要出售商品，请说明产品的所有功能或优势。如果你要宣传活动，请告诉人们他们从活动中可以得到什么。你还可以把客户评论或新闻评论也写进去。如果你对此项目还有其他需要专门说明的，也请说得能让读者容易看懂。

以下是下风书店网站上有关《通宵不睡》一书的举例说明：

《通宵不睡》刊载了关于摇滚乐队 Talking Heads 的所有经典歌曲的全彩色插图。这本书由防酸书皮包裹，装帧紧密。

一个句子就表达一个意思。如果句子过长，就将长句改为一个个短句。

### ❸告诉读者你的真实感受

使销售变得更人性化的另一种方法是，你自己试用产品并给出你的真实意见。美妆护肤网站 Storq 在网上向准妈妈销售美容产品。除了服装系列之外，这家商店还销售第三方生产的护肤与美容产品，这些产品由它的员工亲自试用然后发表体验效果。每一个产品说明都很简短，仿佛在和读者聊天一样，并用公司的统一语言风格写出来。以下是一款洗发水的例子：

你知道吗？那些天然洗发水会立即剥去头发的所有水分，使你感觉头发像稻草。我很讨厌那种。

Storq 通过把读者当作朋友来交谈，以展现他们人性化的一面。

## （二）指导下一步

有时，你必须告诉人们下一步该做什么。可以采用链接或按键的形式。

首先列出人们可以在你的网站上进行的操作类别。以下是一些常见示例：

阅读，了解更多信息，注册，查看所有结果，立即结账，添加评论，添加到购物车。

看着这些列表，问问你自己想要读者做什么，然后对其进行优化和测试。

### ❶用一两个单词

将指导性用语限制在五个字以内。以动词开头。使用第二人称，并避免提及你自己。在某些情况下，可能需要加入“现在”等词以产生紧迫感。

### ❷告诉读者下一步是什么

告诉读者下一页有什么内容，以便他们确切地知道还能了解到什么。以下是一些我们可以在下风书店网站上使用的示例：

完成购买，查找一份精美的礼物，访问商店，了解商店老板信息，浏览选择，加入此活动，查看精选。

同样，把内容写清楚是第一位。不要卖弄文字上的小聪明。按键上的文字应该使用人们常用的标准语言。例如，如果你试图让人们注册某项内容，你的按钮就应该明确地说：注册。

## （三）顾客的故事

提高你的产品可信度的一种方法，是引用顾客自己的话。顾客的体验故事和推荐书能彰显你的优势，而且听起来并不像是你自己在吹牛。下面是三个示例。

（1）告诉读者你是如何帮助客户或顾客的。案例可以采用多种形式：博客文章、视频互动、电子邮件或首页特辑。不带夸张地说说看，发生了什么，什么使你的产品和项目运作变得有趣。如果中途有困难，也直说无妨。你的读者可能会感同身受。如果有一些数据，也可以提及。

（2）你也可以讲来自社群粉丝的故事。像 Everlane 这样的服装零售商和 Ofakind 这类服装零售商都关注为它们制作服装和配饰的人的故事。这比看模特照片更有趣。

（3）赞扬信。这是向他人证明顾客信任和赞誉的另一种方式。这些简短的信对公司和自由职业者很有用。请有过良好体验的顾客拟一份简短说明，从中挑出最好的部分，配上图片，给出链接。

专注于提供对读者有意义的故事内容，专注于他们使用产品后发生的积极改变。

## （四）打磨文案

一旦写好了营销文案的草稿，就可以按照你希望人们阅读的顺序将它们全部组合在一起。仔细阅读草稿，确保所有内容都能被听懂，并听起来像你自己的口吻。确保文案内容前后一致，仔细检查关键字和大写标题。如果你收集了网络评分、评论或赞扬信，则将它们放置于最能起效的地方。文案要关注重点。

这个过程需要时间。你不会今天开始头脑风暴，明天就能敲定营销文案。个人简介的初稿可能会让你感到有些紧张，但是你已经将其顺成文案了，然后可以对其进行精修完善。花时间学习对你和你的客户有效的工作方法。如果你想知道人们对草稿的反馈，就负责任地去面对面测试。应该关注字词选择得如何而不是关注字数篇幅。你的网站是大多数人对你公司的第一印象，所以要重视起来。

# 第九章

# 敏感的话题

想象一下，有人突然来问你产品如何使用。他们涨红着脸，似乎很着急。你将如何回答？你可能会回答得很快，并跳过任何自我介绍或寒暄。你不知道那个人遇上了什么问题或想要获得什么样的回答。在这种情况下，保持镇定，提供清晰和有帮助的回答尤其重要。

你不知道用户生活中发生了什么。你不知道他们担心和顾虑什么。但你确实知道，你可以为他们创建良好的购物环境，让他们的购物时光更轻松。

在本章中，我们将讨论：

- 如何撰写提示错误的消息、警报提醒和帮助文案
- 如何以优雅的方式道歉
- 如何与律师合作，制定相应条款

这些，都是你可以趁机向读者表明你关心他们感受的重要机会。

## 一、带有同情心写作

用户有自己的见解、喜好、价值观和觉得很敏感的主题。当他们访问你的网站时，他们会将所有这些情绪都带过去。因此，无论你在撰写什么内容，使用开放性语言并考虑你说的话是否合乎时宜，都是很重要的。

某些行业本质上是敏感的。例如，如果你为一家医疗机构写作，你的读者可能会处在恐惧、受伤或财务负担中。出于某些相同的原因，银行也必须谨慎：它们在处理金钱和个人信息，而人们通常不信任它们。① 筹款也很棘手。索要钱从来都不是一件容易的事，被人要钱也不是那么有趣。如果你正在这些行业工作，那么你写的所有东西都会给你带来额外的压力。

我们来看看你可能会遇上的敏感话题。你应该已经做好了要处理的内容类型的列表。站在读者角度对其进行检查，确定哪些是你认为敏感或紧急的主题。其中可能包括：

- 错误类信息，例如信用卡被拒
- 停机通知

① 爱德曼公司："尽管经济和市场恢复，公众对美国财政政策信任度依然很低"，2012 年 3 月 13 日。http://trust.edelman.com/slides/ trust-in-u-s-financial-services-still-low-despite-economic-market-gains/.

- 技术支持文案或帮助内容
- 客户服务电子邮件和消息
- 条款服务和法律政策
- 社群准则

现在，考虑一下为什么这些主题是敏感的。读者会在什么情况下看到这些内容？你使用的语气可以在这里产生很大的不同效果。

## （一）承受压力

当你撰写敏感主题文案时，请牢记以下 5 项准则。

**（1）迅速采取行动。**无论你是要告诉客户他们的数据已被损害，是要更改网站的隐私政策，还是要给某人提供官方警告，迅速做出响应都非常重要。读者想立即了解正在发生的事情。

**（2）直截了当。**不要浪费任何人的时间，例如使用“我们很遗憾地通知你……”这种开头，这会让你的读者紧张并增加他们的焦虑感。能少说就尽量少说，与此同时保持有技巧、和善和直截了当。如果你要发送有关改变隐私权政策的电子邮件，请在主题行中直接输入这些字词，而不要使用诸如“重要更新”之类字眼。

**（3）保持冷静。**不要惊慌，不要用叹号之类。避免使用“警报、立即进行、紧急”等字眼，除非是真的有绝对必要这么用。冷静地写作，以便人们能把注意力重点放到你的内容本身上。

**（4）不要试图柔化氛围。**如果你试图以玩笑话或销售技巧分散人们的注意力，那么他们会感到恐惧。敏感的情况并非展示个性的地方。

**（5）说实话。**你无法一直将所有发生的事情都告诉读者，但要尽可能透明，如果你要宣布推迟发售，请提供时间表或估算的时间。去朋友家吃晚饭要迟到时，你可能不会对朋友提前说："你好，我要迟到了。"相反，你会更具体地说，例如，"我在路上了，迟到大约10分钟"。你的读者应该感受到同等的礼貌。

如果你需要某人实施其他步骤，例如更改密码或同意新政策，那就说出来，向他说明如何执行。如果紧急情况仍在发展中，就请提供更多的及时信息给读者。

## （二）何时保持沉默

除非与你的业务有关，否则请远离会导致激烈争论的话题，例如宗教和政治评论。而且，如果你撰写即时的博客文章或社交媒体文案，请注意新闻事件的最新进展，这样你的内容就不会变得那么过时。当发生飓风或枪击之类的危机时，人们会上Twitter查看最新消息。面对和你不相关的紧急情况，请保持沉默，并停止发布所有事先设定好的自动发布内容和计划好的内容。我们甚至不建议说"我们的心与他们同在"，尤其是当你无能为力的时候。一些公司认为，在这些情况下需要说两句，但最尊重他人的做法，应该是避免在人们焦急地搜索事件最新进展情况时，加入冗余的无效信息。

## 二、敏感主题

在第六章中，我们讨论了如何从积极信息和消极信息的角度来考虑发送消息，大多数敏感的文案类型都属于坏消息。

### （一）紧急主题

如果遇到麻烦，你可能必须成为消极消息的传递者。以下是一些你可以提前准备的情况。

#### ❶错误类消息

错误类消息可以包括从“此帖子不再可用”到“你的信用卡已被拒绝”。当出现问题时，就会发出这样一条消息。错误类消息不必过分道歉，因为它们通常与系统问题相关，而不是人为错误或沟通不当造成的。但是顾客确实需要被善待，因为信用卡被拒这种类似的信息可能会令人尴尬。要让人们知道出了什么问题，并告诉他们下一步该怎么做。比如，刷新页面，填写资料，或在几分钟后返回。而且不要发送“你访问了错误的链接”之类的信息，把责任推到读者身上。

#### ❷紧急情况

紧急情况包括突发灾难或数据泄露，这些情况可能会危害服务器并使员工无法正常工作。如果由于某种原因导致你的网站崩溃、延迟服务（或订单），或限制客户服务，请立即告知你的客户。给他们透露尽可能多的细节。但是，如果涉及数据，请注意不要透露可能造成安全威胁的信息。让你的客户知道你在如何抢救，并让他们及时得知最新消息。

使用同情和乐于助人的语气，如果合适的话，向用户道歉（我们将在本章后面详细讨论道歉问题）。提供你的联系信息，以便人们可以提出任何疑问或疑虑。当他们感到不安时，能联系到你将给他们带来安全感。

软件公司 Squarespace 在 2012 年飓风“桑迪”来袭失去电力供应时，创始人兼首席执行官安东尼·卡萨勒纳向客户发送了几封电子邮件予以说明。刚断电时，公司总部就改用自备发电机运行，因此他有时间向人们发出预警。第一封电子邮件的主题行这样直接点明：“由于‘桑迪’飓风造成的停机说明”。它向客户解释发生了什么，以及公司预计何时可以恢复电力，时间精确到了小时。它向客户保证：“请放心，尽管这将影响我们的服务，但不会发生数据丢失或造成任何其他永久影响的可能性。我们的地下室只是进水了，暂时失去了电力和其他备用电力供应。”Squarespace 没有道歉，因为这种情况不是公司的错。相反，电子邮件在平静地感谢读者给予的理解。

大约一周后，他们发送了另一封邮件，其中包含一些积极消息：事实上，飓风期间没有客户遇到停机问题。电子邮件解释说，因为总部有一个运转良好的发电备用系统。它还说，为防止再次出现类似的紧急情况，他们正在研究一种效率更高的供电系统。同时，公司更新了网站“状态”页面，以便客户可以看到服务器的状况如何。通过发送即时邮件和更新“状态”页面，Squarespace 解决了客户担心的所有问题。

### ❸为最坏的情况做准备

如果你可以预测可能出现的某些紧急情况或敏感情况，请为这些情况编写一些文案模板。这样，当你必须发送电子邮件或发布有关意外停机的推文时，可以根据情况更新模板并立即发布。

思考一下你的企业会发生的最坏情况是什么。如果发生地震或数据盗窃，你该怎么办？如果你依靠在线平台 Etsy 或 Shopify 来销售产品，假如这些平台出现故障，你将如何和顾客沟通？在这种情况下，发送消极信息可能会使你的客户感到惊讶并引起他们的焦虑情绪。请牢记这些顾客感受，然后写邮件通知他们。而且，如果你计划服务器停机，或者知道你的服务提供商之一即将停机，请提前向客户预警。

还可以制作紧急联络列表。想一想你赖以维持业务运营的所有人员。如果你的网站出现故障，你会打电话给谁？如果你出售实物商品，你的付款系统或仓库团队做好准备了吗？也准备好一些专家，一旦出问题可以迅速联络他们并获得答案；以及准备好一些可以在半夜联系到的可以审核内容发布的人，特别是需要主管或法务来确认的情况。准备好这样的清单，这样你不在办公室时，其他成员也可以应对类似情况。

### ❹不太紧急的情况

一些文案类型（例如帮助文档，聊天消息和退订确认）不一定是消极信息，但是体贴的语气对顾客也很重要，同样适用以上原则。

**1）帮助文档和常见问题解答**

如果你的客户正在阅读你网站上的帮助文档或使用教程，则可以假定他们正在努力尝试排除一些使用故障。也许他们需要弄清楚如何完成一项操作，或者你的服务说明对他们不起作用，他们正在寻求帮助。如果你现在用错误的方式敷衍他们，可能会失去他们对你的信任。如果你帮助他们找到想要的东西并使这一过程变得轻松，那么他们可能会比以前更加信任你。

帮助文档的内容应该是全面而清晰的，不会使客户不知所措或侮辱他们的智商。它们应该像亲切的技术人员一样有用。这种做比看起来困难。详细指导人们一次又一次地完成所有步骤，不要以为他们知道如何完成所有步骤。记住你是专家，但他们不是。如果要告诉他们单击按钮，请说清楚是哪一个按钮。尽可能提供屏幕截图或插图，并在有用的时候提供相关文档的链接。使用鼓励性的和积极的语气，但要避免过于讨好或者花哨的文字。

以下是一个来自发票软件公司 Harvest 的例子。[①]

**如何一步步创建发票？**

管理员账户能为所有客户创建发票。项目管理者获得许可后，可以为其项目开具发票。给予许可的方式是，在“管理”

① www.getharvest.com/help/invoices-and-estimates/get-started/how-to-create-an-invoice.

栏下拉选取“开票人员”一项。

**选择项目时间和费用**

（1）在“**发票**”中选择“**概览**”。

（2）点击“**创建发票**”，选择客户。

（3）要选择项目时间，选择“**项目时间和费用**”，然后单击“**下一步**”，记住，项目任务必须是可开票任务。

（4）填写“**创建发票**”页面，然后单击“**创建发票**”。

（5）你将看到发票样图。你可以添加一个开票主题、日期、税点以及自定义发票。

（6）单击“**保存发票**”。你可以立即发送发票，也可以保存草稿并在以后发送。

Harvest团队详细说明了如何使用他们的软件。说明的标题很清楚，并且用粗体标明了要单击的选项和按钮。

“联系”页面也与此相似。有时人们会与你联系，对你公司的产品和服务予以赞扬。但是大多数时候，客户访问该页面是因为他们遇上了难题。这就是为什么“联系”页面内容应该简洁明了。

**2）模板答复**

模板答复，对通过聊天或电子邮件提供服务和技术支持的公司很有用。要用一种让人耳目一新的方式编写内容，不要让它们一眼就被看穿是用模板生成的。如果你曾经与银行或电话公司联系，你可能会收到模板答复。如果你是小企业主或博客作者，并且经常遇到读者反复提出的同样问题，那么模板答复也可能对你有用。

模板答复类似于帮助文档，也同样需要简洁、直接和易读。但是，不同于帮助文档要列出步骤，你可以给人们提供有用的文章链接，尽量使消息本身简短而温和。

要使写作内容更具沟通性。下面是一个与时代华纳的客服联络的反面示例，你应该努力避免：

客户：我需要重设路由器的登录信息。

客服：感谢你分享信息。我完全理解你的关注。我们很乐意为你提供帮助。请给我一点时间来检查你的账户情况，以便为你提供最佳解决方案。

客户：好的，谢谢。

客服：非常感谢你耐心等待。谨在此通知你，我不得不将此聊天转移给我们更高级别的支持人员，以进一步帮助你解决问题。当问题提交到另一位分析师时，请耐心等待……

太糟了。不要一板一眼地浪费客户的时间。将你的个性声音融入这里。而且，如果你要把多个模板答复组合起来，请在将它们发送出去之前仔细阅读它们的全部内容，找出无用的内容，然后删掉它们。你不想听起来像个机器人在说话——尤其是当客户急于想解决问题时。

**3）确认退订**

如果你发送电子邮件新闻，请花一些时间来制定取消订阅的流程。当人们决定退订通讯时，他们通常必须选中一个框或单击一个按键来确认他们的取消行为。此后，他们会收到另一个弹窗，说他们已从发送列表中将你删除。对于读者而言，这可能是一个情绪上的微妙点，在这种情况下，如果你会说好话，说不定他们还是会选择继续订购。确认取消的页面通常是自动生成的统一文案，上面写着“你已成功取消订阅”。这里，如果你保持语气中立，就不会惹毛任何人。

但是，如果能让人们微笑，为什么还要保持中立？这就是巴拉克·奥巴马团队在 2012 年连任竞选时所做的事情。他们在退订确认信中说：

我们对很多人说：“你好，我在参加 2012 年总统大选，请订阅我们的邮件。”很多人订了一阵子后回答说，对不起，我收到的电子邮件太多了，然后就取消订阅我们的电子邮件。但我们认为您应该坚持继续订阅。如果您想看到我 2012 年再次当选总统，您应该坚持订阅。如果您只是希望收到更少的电子邮件，我们可以改为每周只向您发送一次竞选信息。请务必在下面选择您喜欢的发送频率选项。

这则消息认可了人们的感受，甚至给了人们一个选择，使他们留下来并可以收到更少的电子邮件。行文语气表示理解对方，但也有说服力，它可能说服了许多订户继续留下来。同时，他的对手的退订消息则只是说：

谢谢！你已退订该邮件。

当人们说不想再看到你发来的邮件时，说“多谢”可能不是一个好主意。这个消息的语气缺乏同理心，听起来像是机器人。

即使你没有为读者提供更改接收电子邮件频率的选择，你仍然可以向他们提供其他帮助，以继续保持联系。Photojojo是一家在线销售摄影产品的公司，他们的文案语气轻松，幽默感十足。客户选择退订后会收到以下消息：“很抱歉看到你离开。”在客户确认退订之后，出现以下消息：“好吧，所以邮件不是我们交流的最好工具。但是，嘿，我们还有很多保持联系的方式。”然后，附上转向其社交媒体页面的链接。这种友好的方式让读者对品牌产生了愉快的感觉。

退订时的确认消息常常被忽视，却值得你予以注意。

# 三、友好地道歉

有些公司似乎每天都在道歉（比如航空公司），而其他公司仅在发生重大事件（例如数据泄露或重大停机）时才道歉。道歉是很棘手的。下面是你道歉时应该记住的东西。

## （一）承认错误

如果你经常旅行，就可能遇上航班延误。有时候你直到快登机才被通知航班延误。

然后，航空公司并不带有道歉感觉的广播就响起来了：“给您带来不便，请接受我们的道歉。”这道歉力度还不够。“我们为此道歉”比“我们的道歉”要好，因为前者是一个主动的行动。而“对不起”则比这两者都好，因为这听起来更人性化更真实。不管你怎么说，都要承担起责任。

《大西洋月刊》杂志在2013年刊登了一篇包装成社论的科学教广告，引起了轩然大波。它们撤回了这篇文章并发表了正式道歉。第一句话是：“我们搞砸了。”它们接着说该公司正在制定赞助内容的准则和政策。然后以如下谦卑的话语进行道歉：

我们继续致力于并热衷于数字广告的创新，但是也承认现在走得太过了。很抱歉，我们正在努力解决问题。

诚实和乐于接受错误的态度帮助他们赢得了读者的信任。它们已经说明为之后悔并搞砸的事情，并且承认感到很尴尬。这种道歉是经过深思熟虑的，真诚的。

## （二）请说出让你感到抱歉的具体事情

让我们回到航空公司“道歉”的场景：“我们为可能给你带来的不便深表歉意。”要告诉别人你后悔做过的具体的错事，“带来不便”这种说法，不会使他们觉得你在意他们的感受。发生航班延误时，“我们为延误感到抱歉”或“我们为你的不愉快感到抱歉”会更好。请记住可能发生最坏的情况——坐在登机口的那些人中有一个可能就因为航班延误，结果错过了家人团聚或失去了工作。人们只有感到你知道自己做错了，以及知道你的失误会如何影响到他们，他们才会更有可能相信你不会再做同样的错事，从而原谅你。

### （三）说明后续步骤

不要忘了告诉读者下一步你将要做什么，或他们会得到什么。这在数据中断或延迟的情况下尤其重要。如果你可以提供一些补偿措施，就请详细说明。如果你要写邮件表示对意外停机感到抱歉，请说明你正在努力解决该问题。让人们知道当一切恢复正常时，你会发送通知。这给了他们安全感。道歉是会给你带来压力，但你可以通过快速行动、冷静沟通和直入重点来减轻压力。

让我们继续研究另一个我们必须面对的棘手问题：涉及法律和隐私的问题。

## 四、法律条款写作

用户通常会跳过合同、条款和政策不看，但是你写这些内容的过程并不一定是枯燥的。实际上，你提供的条款是与客户建立关系的重要组成部分，应将它们视为与客户的初次会面。你应该通过这个清楚和坦诚地了解彼此之间的关系，并表明你打算保持双方长期满意的关系。

你可以和律师合作研究制定条款、隐私权、信息披露、社区准则、合同和用户协议。在这些地方，你可以将你的承诺写进去。例如，你可能需要在结账流程中，添加能指向退货政策的链接，或者要求人们在创建账户时接受你的数据使用政策。或者，你可能想让人们知道将他们的应用程序链接到 Facebook 时会发生什么。这些都是潜在的棘手情况，客户需要了解他们同意的内容是什么。选择使用你的网站，通常就要接受具有法律约束力的合同。所以这是严肃的事。

大多数合同写得都不好。语言令人困惑，并充满了人们无法理解的短语。合同本身冗长且难以阅读，这些对你和你的读者来说都是坏消息，因为你需要将自己的意思表达清楚。那些难懂又让人愤怒的文字，会使人们想知道它背后隐藏着什么陷阱。好消息是，你可以通过使自己的条款亲切易读来让人印象深刻，这不难。让我们看一下如何与你的律师紧密合作来做到这一点。

## （一）合作制定条款

首先要记住的是，你的法律团队代表你的公司及其利益——可能包括也可能不包括你的用户利益。律师能降低风险，他们的工作是了解相关法律，确保你的公司遵守法规，并注意任何可能威胁到你公司或让你遭遇诉讼的事情。律师并不会使你的网站变得亲切或帮助客户解决困难，但作为网站写手，你可以。这也是你的工作。

即使你和律师的职责不同，你们的工作也不会互相冲突。

以下是你们合作时的一些工作技巧。

### ❶从网站政策入手，而不是语言技巧

讨论要实现的目标和政策。弄清楚如果出现问题，公司将如何妥善处理。团队一起试着回答这些问题：

- 企业面临什么风险？读者需要了解什么？
- 网站用户有什么义务？
- 公司有什么义务？做出什么承诺？
- 企业将如何处理用户或客户数据？

在深入研究文案本身之前，请先拟定诸如上面这些更大的目标。一旦知道了如何说明自己的网站政策，就开始寻找最好的说明方法。

### ❷深刻讨论

如果某个特定段落或条款内容写得不行，请与你的律师联系，并解释为何觉得它写得过度或令用户困惑。你可能需要重新设定目标，提供其他想法，或者看看其他公司如何处理类似的情况，和律师一起讨论，并在陈述得滴水不漏与清楚明白之间找到一个平衡点。

### ❸清楚

留意样板文件和标准措辞的问题。如果你的法律团队提出了你不满意的语言，请改为其他通俗易懂的语言。发挥创造性

地去思考每一段文字，直到所有内容都达到满意效果为止。尽可能避免使用术语和行话。如果你看见一个术语反应不过来，那么你的读者可能也是同样的感觉。找出是否可以用更容易让人理解的措辞代替那些晦涩的短语，正如克拉伦斯·托马斯大法官说的：

“我告诉办事员，我们编写这些‘意见’是为了普通人可以读懂它们。这并不意味着它们不是法律。有一些简单的方法，可以让你用易懂的语言写出重要的内容。就像我对他们说的那样：天才不是要用价值 10 美元的句子写出 5 美分的想法，而是在 5 美分的句子中写出 10 美元的想法。那才称得上是美好，那才称得上是编辑，那才称得上是写作。”[①]

**附：曼迪·布朗如何创造人性化的术语**

曼迪·布朗是在线写作与编辑工具 Editorially 的联合创始人兼首席执行官。她的公司用简单清楚的语言说明了政策和服务条款。我们就如何撰写此类内容，及为什么将条款视为用户体验的重要组成部分等问题，对曼迪进行了采访。

她说：“从许多方面讲，我们的政策与服务条款，是任何使用我们的工具的人都会碰到的第一篇文案。我们觉得留下良好的印象很重要。我们非常注意写作

① 哈佛法学院网站：“克拉伦斯·托马斯大法官访问本校”（2013 年 2 月 11 日）http://youtu.be/heQjKdHu1P4.

优质文案。”人们倾向于把条款写作得很随便，因为用户不会阅读它们。但曼迪想好好设计一下条款的写作，因为条款的受众——读者，是公司最应该关注的对象。她说：“我希望我们的用户阅读这些内容，并了解他们所接触的是什么，我们是一家什么样的公司，以及以后会发生什么。这意味着我们要用通俗易懂的语言解释事实和数据。”①

在写这些条款之前，曼迪通读了Google、Dropbox、GitHub、Word-Press、Tumblr和其他公司的服务条款文档，然后写下了她喜欢和不喜欢的内容。她的律师起草了条款的初稿后，与她会面讨论。然后他们来回修改。“我会先修改自己的文本，然后让我们的律师再修改”。“我们的条款中肯定有一些句子不能按我想的那样写。但是我们的律师非常支持我们以最合适的方式去写——合适，是最重要的前提条件。”

曼迪原本决定在条款说明中附上进一步解释法律含义的注脚，但最后还是决定放弃了。她说：“如果法律术语让人困惑，而日常的英语说得更清楚，但你觉得还是用法律术语更好，那么说明实际上，你对法律规定的理解和你自己想表达的还是有差异。能用日常英语的就用日常英语，不要既用术语又用日常英语。”

① http://stet.editorially.com/articles/writing-a-better-terms-of-service/.

### ❹渐进式说明

有时你需要说清楚多个法律概念或提前告知读者一些规定。如果你担心它们吓跑读者，请咨询你的法律顾问，看其中是否有可以省略的地方。另外，你也可以将其拆分成多个部分，以分屏的方式将其变为读者易于消化的内容。这称为渐进式说明，是电子商务网站和其他在线服务常使用的一种技术。[①]一个常见的示例，是在结账流程中显示运输或退货政策。类似的是你注册应用程序新账户时弹出的页面。这减轻了读者的负担，帮助他们在过程的每一步中都能感到舒适。

找到一种适用于你们公司和读者的信息告知方式，并随时视情况准备改变告知方式。每个网站都会有一些法律术语，你的目标是改善文案并帮助读者理解你的服务内容，这样他们在以后遇上有关状况后不会觉得意外。

## （二）小步更新

要保证所呈现的法律条款是最新内容。就像任何其他文案一样，撰写法律条款需要投入时间、耐心，并需要定期检查。要听取读者的反馈和使用情况。当条款发生调整时，让人们及时知晓。有一些修改不是很重要，例如改一个错字或修改链接到另一个文档，但如果有真正重要的修改，就要正式公布出来，向读者解释发生了哪些变化。

---

① 雅各布•尼尔森 . 渐进式说明 . 尼尔森•诺曼集团网站，2006 年 12 月 4 日 . www.nngroup.com/articles/progressive-disclosure/

# 第十章

# 让流程“流动”起来

设想一下人们可以在你的网站上进行的所有操作。你希望他们做什么？也许客户可以在你的网站上按类别过滤产品，使用信用卡购物，或发表评论。或者，也许你有一个美食博客，读者可以在其中评论食谱、发布照片并同意接收新闻通讯邮件。本章详细介绍了如何编写交互界面的文案。我们将向你介绍如何改进：

- 注册、付款和订阅流程
- 表单和提示
- 产品和功能介绍
- 导航链接和搜索过滤器

以上这些地方，你可以邀请顾客参与进来。你的文案言语可以引导读者，支持他们的决定并鼓励他们采取行动。友好的声音和清晰的信息在这里起到很大的作用。因此，让我们从更明确地定义“流程”开始，并探索更多实际例子。

## 一、更大的图景

在第三章中，我们探讨了如何让网站上的每个版块内容组成更大的内容。段落和图像组成一个个部分，各个部分再结合在一起。所有这些汇聚在一起，为读者描绘了一幅宏大的图景。

编写交互界面文案，是为应用程序、表单和购买流程撰写文本的过程。对于数字产品和服务、在线出版物和移动应用程序而言，这种写作特别重要。但是，即使你不认为自己是交互界面编写者，你写的内容也需要适合你网站上的界面。除指令文本和图像外，界面内容还包括输入字段、菜单、链接、按钮、标记、类别和标签。在更大的团队中，你可能会与设计师和开发人员就这些元素密切合作。作为写手，你的工作是专注于内容本身。

网站流程，是可引导读者完成一个目标的一系列屏幕界面的组合。将你的写作本身也看作流程的一部分很有用，因为这使你的工作处于读者立场。你写的每段文字都是更大任务的一部分，而不是一组不相关的页面。当你编写界面时，无论内容是什么——不管是在帮助读者购买、学习新东西、使用程序或者与朋友交流，它们都起到帮助用户的作用。流程意识，使你具有了办事员、导游或客户服务代表的心态。由于看不到你的客户，因此你必须预见他们可能需要的东西。如果你可以与他们就他们的工作问题在文本中进行良好的对话，那么他们就可能会倾听和关注你所写的东西。

设计师弗兰克·奇美罗说："每种形式都是围绕一个问题。"[①]你的形式和流程在围绕什么问题？你如何使它们更有意义？网站会问人们一些个人问题，告诉他们怎样使用网站，并为迷惑于网站复杂结果的人指向特定的方向。要亲切和谨慎，帮助读者做出明智的决定。流程意识，意味着帮助读者在网站里稳定前行。作为网站文案写手，你就是要帮助读者做到这一点。

## （一）流程的类型

对在线零售网站的移动应用程序以及较大的出版物（如杂志和大型报纸）而言，复杂的流程很常见。但是它们在简单的网站上也很重要。例如，如果你经营一个带有时事通讯的博客，人们如何注册它？你的网站上有表格吗，还是直接链接到新闻通讯服务？如果你要宣布一个活动，读者如何回复？还要考虑他们为你提供名字和邮件地址的种种步骤。

要考虑的另一件事是人们如何将你网站上的图像共享到Pinterest、Twitter或Facebook这类社交媒体。即使你要链接到另一个站点，也可以把控读者的部分体验。以上只是一些例子。

① 弗兰克·奇美罗在2011年Webstock技术会议上的演讲："数字篝火"。http://vimeo.com/22377758.

下面是其他一些你可以分解的读者行动步骤：

阅读帖子 →单击链接 →查看照片 →发表评论

阅读帖子 →查看“关于”页面 →订阅电子邮件新闻通讯

搜索 →输入关键字→按类别材料或品牌过滤 →选择结果 →查看详细信息

查看应用商店页面 →阅读说明 →下载应用程序 →欢迎 →注册 →浏览产品

阅读博客公告 →商店 →查看商品→添加到购物车 →注册或以游客身份继续 →输入金额和快递信息→立即结账

这些流程中的每一项都可以再有多个分支。例如，在 App Store 流程中，你可能需要登录才能下载该应用程序或更新你的信用卡信息。你也可能会从不同的地方进入流程，这取决于是朋友给你发页面链接，你自己浏览该网站，还是 Google 为你提供搜索结果。

当你从事一项任务时，很容易陷入细节而忘记了更大的目标。把写作看作更大的故事或难题的一部分。这将帮助你了解所有内容如何结合在一起，如何让你的网站更有意义。当你细化流程中的一部分时，请考虑一下前后的逻辑步骤：

- 读者想做什么？
- 读者会有什么感受？
- 读者如何到达这一步？
- 接下来发生什么？
- 他们可以做出哪些选择？

流程意识，需要你弄清楚界面中最细微的细节甚至最小的细节。这意味着要同时思考大大小小的事情。下面有几种方法可用于此。

## （二）整体研究

整理所需写下的流程步骤清单，写下顾客可能会采取的最重要的行动。例如，如果你是非营利网站，呼吁用户捐助的版块可能是你最需要集中注意力打造的地方。

逐步进入流程，并记下你将使用何种语言、读者将采取的行动，以及必须单击才能进入下一步的任何键或链接。每一步都截图。有很多工具可以用来拍摄完整的屏幕截图。你也可以向设计团队索取模型截图，或者如果更容易的话，可以直接对着网站界面拍摄照片。

对于下风书店，你可以从一个合乎逻辑的地方开始，比如有人会听到关于商店的信息，并从那里开始进入网站。

（1）听朋友谈论起这个。

（2）进入“商店”页面，其中突出显示了要出售的书籍。

（3）“书籍”页面，展示特定书籍并促使客户将其添加到购物车。

（4）“购物车”页面，有书在购物车中。

（5）“结账”页面，需要有支付和运输信息。

（6）确认支付消息，感谢客户。

（7）发送带有订单详细信息的电子邮件回执。

请考虑读者可能会从哪个页面进入。看看顺序，读者下一步动作会是什么？也许客户有礼品卡或想跨国送货，或者，有人想在下订单之前阅读退货规定。应注意这些操作。我们后面再介绍这些内容。

收集屏幕截图后，将它们全部放在一起。如果你使用的是很多页面的屏幕，则可能需要将每个页面都打印在一张单独的纸上，然后按顺序粘贴起来，以便自己写作时进行参考。自己动手制作，这样你就可以将其视为持续进行的故事，就像故事剧本里的情节提要：

- 情节提要里发生了什么？
- 它如何影响前后的环节？
- 完整吗？故事中缺少什么？
- 前后都是协调的吗？

通常，这种更高视角的思维是由编辑完成的。但是作为一名网络文案写手，你也经常需要为你自己或你的客户和同事担任编辑角色。任何创意领域的设计，比如视觉艺术、软件开发、电影制作、烹饪或音乐，拥有编辑视角能帮助你将所有内容结合在一起，放置在正确的位置，并准备好将它们呈现在公众面前。

## （三）捕获流程

当你准备对流程进行一些更改时，请一点点开始。不必一次性试图掌握全部分支或所有流程中的文案。选择一个或两个分支，并从这些分支开始。

开启一个主文档进行编写，这对于复杂的流程以及开发手机App尤其有用。在文档中制作一个包含三列的表格（见图10-1）：屏幕截图；文案；注释。不用担心表格样式，简单一些就好。

图10-1　制作表格，整理排序

在第一列中，粘贴你的流程屏幕截图。如果手上有其他类型的草图，可以将其放在此处代替屏幕截图。在第二列中，粘贴现有文案。在第三列中，为你自己和你的团队添加文案注释。你可能对某些操作或法律团队会如何看待有疑问，将这些问题放在这里。

像这样设置流程可以帮助你在编写和编辑过程中保持井井有条。它还将帮助团队其他人理解你的过程以及内容决策背后的原因。

现在你已经将屏幕截图组合在一起了，那么让我们看一下写作本身。

## （四）开发结构

流程是练习编辑技能的好地方。首先，按时间顺序浏览屏幕并考虑文本的逻辑关系，考虑如下问题：说清楚了吗？每个内容都符合网站目的吗？如果读者需要做出下一步操作，请问问自己，你设计的这种互动方式如何能用体贴的方式鼓励他们进入下一步。确保每个屏幕截图的文案都朝着你的目标努力。然后，通过仔细设计，将这些截图聚合成统一结构。

**顺序：**将最重要的环节安排在上面。将次要元素集中在一起。将有关下一步的详细信息、相关链接以及共享链接移到侧面或底部附近。如果需要设计更长的流程，请按主题将你的问题分组，然后将截图分为几个部分。例如，在结账页面上，你可以在包含有关订单详细信息、账单信息和礼品选项的部分。给每一组添加清晰的标题，以便人们可以看到各环节在流程中的位置。

**重点：**问自己想要读者做什么。你设计的操作流程可以帮助他们集中精力完成手上事项，还是会干扰中断他们？确保你给他们的操作指导合理，把各种广告和调查问卷隐藏起来。减少用户需要作出的选择步骤。

**及时：**分别查看流程的每个环节，看看该环节是否会让人紧张或使人们感到困惑？是时候提醒用户进入下一步了吗？

**节奏：**查看你涵盖的所有主题。你传递的信息用户容易消化吗？如果你大声朗读，节奏感觉是太快还是太慢？有什么内容会让读者不知所措或侮辱他们的智商吗？让用户轻松理解你的意思。

在检查流程时，请考虑有没有其他可以引导用户操作的更好方式。可能需要调整内容或软化语气。也许流程的整体结构是可以的，但是你需要弄清特定环节的重要性，比如为什么说创建账户环节非常重要。同样，思考一下在现实中你会如何就此问题与别人讨论。帮助用户找到他们的需求，并在此过程中确保他们拥有良好的使用体验。

请记住，文案并不能解决所有问题。你的团队可能正在处理关于外观设计、与公司外部人员发生冲突的业务决策、部分未完全开发的新功能等问题。作为该项目的文案写手，你的工作是关注文案并考虑文案与用户体验的关系。与你的设计和开发团队保持联系，尤其是在一些地方有问题时。一起讨论，为你的用户找到合适的解决方案。

## 二、小　细　节

在你回顾流程的每个部分时，请考虑一下隐蔽的内容。例如，页面是否触发任何错误消息、电子邮件或通知？如果读者决定退订或想与朋友分享该怎么办？许多公司忽略了这些小细节，但它们是你沟通中的重要组成部分。当有人决定采取行动或与你的网站互动时，应当立即显示相应的表单和确认消息。这是体现你关心用户和提高用户信任度的最佳时机。

回头看看你网站上的文案类型列表。收集与流程有关的所有消息。你可能需要请同事从你的代码库或内容管理系统中提取它们。同时，请仔细阅读你所撰写的网站上的技术支持中心、使用说明、技术文档和法律政策等说明。看看它们读起来是否符合你公司自己的风格？确保这些小细节与你网站的其余部分一样优质。

## （一）审核单词

改善流程体验有一种方法，就是查看网站上各个元素的名称。有时我们称之为命名法。想一想，你会用什么词语形容人物、地点和任务？你使用什么名词和动词？

让我们看一个有关下风书店的示例。对于夏季阅读营，我们需要用一些名词来描述人和地点，并使用动词来描述人们可以采取的行动，例如，人们应该注册活动、参加活动还是立即回复？我们将如何称呼参与者？参加夏令营的人不都是孩子，比如还有那些运营夏令营的成年人呢？我们可以为咨询师、志愿者、赞助者、老师和孩子的父母提供恰当的专门称谓。

如果要查看网站上的术语，请在浏览器中打开并启动新的文本文件。浏览页眉、页脚、菜单和侧栏中的导航链接，写下你看到的每个名称和标签。查看按钮和提醒进入下一步的用语。浏览登录页，快速浏览所有主题。现在只需快速列出名称即可。当然如果能按任务或主题对它们进行分组，那么也可以顺便分组。

完成列表后，请仔细检查每个单词。检查它们的使用感觉以及语音和语调。

**清晰度：**每个术语都应能立即读懂，即使是从上下文中取出，也应当能够猜出它说的是什么。避免使用含糊或重复的词。如果有任何术语使你不满意，请考虑重写。

**附：与其抖机灵，不如要效果**

兰迪•亨特是网络销售平台Etsy的创意总监和《网络的产品设计》一书的作者。对他来说，文案的清晰度不仅很重要，而且是个人风格的一部分。他说："在来到Etsy之前，我们建立了一个名为Supermarket的电子商务市场，在这里我们销售设计师生产的产品。标语是：'来自设计师的出色设计。'这次我们用了一点语言小技巧，但没有太炫技。在对用户友好的同时，我们尽可能保持坦诚的风格。"

兰迪主张文案清晰度胜于抖机灵，尤其是在有关网络产品和界面的文案中。他说："当我刚到Etsy工作时，很多产品的名字都很机灵可爱。我们的产品概念很好，但常常在给产品起名字和写说明方面陷入复杂的境地，令用户困惑，因为我们选了过多带有颜色的词汇或过度表达的词汇，感觉就像我们在为人们塑造新的认知体系。"他将这种努力比喻成"炼金术"。很多来访者曾向Etsy上的卖家下过订单，但后来就再也没来过。

在网站界面文案中，没有太多空间供写手抖机灵。你需要为用户提供能解释清楚复杂流程的新概念。复杂名字和花哨的语句会降低他们的理解速度。兰迪建议在时机恰当时再采用好玩的措辞。他说：“如果产品有某种特殊的功能或能带给人与众不同的体验，那么起好玩儿的名字可能的确会带来一些额外意义，因为产品本身就带有特殊性。否则，就会让人感觉你努力过头了。市场营销这么做或许还行，但在网站界面设计中没必要。”

在购物车或注册页面的文案，不要觉得一定要使用创造性的语言。考虑一下读者正在尝试做什么。其他网站上是否有类似的流程、按钮或任务？如果是这样，请不要重新发明措辞。确保你的文案能让读者看懂。但是，如果你要编写登录页、博客文章或电子邮件广告系列，就可以写得有趣一些。

**准确性：**让设置符合用户预期。用户是否能在下一页上找到“阅读更多”或“了解更多”选项？如果用户要求更多结果，他们会在下一页上“看到更多”或“查看全部”吗？检查每个单词，确保它们对用户而言是最准确的。

**一致性：**每次都以相同的方式解释相同的内容。术语应相互补充，并让人感觉到它们属于同一体系。例如，你是否要求人们“登录”和“注销”？要保持相同的用语角度并使用恰当的语言。要注意避免出现不一致的情况。

**区别：**让不同的术语彼此间的区别尽量大，以便于读者能够区分。如果你有太多相近的内容，可以考虑将它们聚合起来。例如，如果你只出售少量夹克和外套，则可以将它们归类在“外套”或“夹克和外套”下面。

仔细琢磨每一个术语，找到它们彼此间的区别和不一致之处。然后就可能会发现需要修改的名称或标签，你可能也不得不添加新单词，在同义词词典中查找替代单词，或者与网站设计师合作来调整术语出现的顺序。此举是确保用户能找到准确链接和快速搜索到准确内容、更流畅地使用网站的好方法。

## （二）将所有内容捆绑在一起

到了网站操作流程的最后一步时，接下来该做什么呢？网站文案写作是为了给读者提供清晰的链接，所以可以再展示一下整个流程的概要以及一些新内容。如果有人刚刚购买了演出门票，请提供前往演出地点的路线，或者说明是否可以带零食。在下风书店网站上，你可以显示读者可能喜欢的其他书籍，或在购买商品后告诉他们即将举办的其他活动。如果你要给他们参观指南，就告诉他们参观结束后可以与朋友分享哪些东西。

操作流程是否有可能进入死胡同？如果是这样，请考虑采用新的分支功能。将相关主题联系在一起并保持顺通，以使操作能继续进行。然后亲自重走一次操作流程，寻找任何可能出现信息缺失的地方。

## （三）提供不同的操作选项

《选择自己的冒险》一书是从第二人称角度写的，因此读者可以扮演主角的角色。当事情发生或需要做出决定时，读者可以从几个选项中进行选择，每个选项都会导致故事走向另一个结局。通过在故事中写下不同的选择和分支，作者让读者成为故事的一部分。

当你考虑扩展网站操作流程时，这可能是一个有用的例子。例如，你可能有一条非常重要的信息，但是希望先提供次要消息将用户黏住。

让我们举些例子。

（1）查看文章或图像时：

主要信息：购买，书签，收藏，评论，共享此内容。

次要信息：注册后才能发表文章。或浏览类似的结果。

（2）注册账户时：

主要信息：欢迎。请登录或创建一个账户。

次要信息：重设密码以继续。

（3）下载新应用后：

主要信息：查看或跳过导览。

次要信息：查看实际功能的示例。或者在博客或帮助中心阅读有关此内容的更多信息。

（4）退出后：

主要信息：你已退出。再次登录以继续。

次要信息：获取帮助或报告问题。

（5）取消订阅电子邮件通讯后：

主要信息：你已取消订阅。

次要信息：告诉我们为什么取消订阅。或订阅我们的博客，或在 Twitter 和 Facebook 上继续关注我们。

在适当的时间显示这些次要选择可以使读者体会到意外的新鲜感，并改善他们的整体体验。

## （四）回头检查

当你的文案出现在网站上时，请检查文案是否存在错别字或间距问题。阅读上下文中的流程，查找让人尴尬的用词或短语。切记改好之后要重新登录和阅读相关页面。如果你对产品说明、法律消息或导航链接进行了更改，就请更新“帮助”内容的相应部分。在修改网站文案时，须保证前后相关的所有内容都要被更新。

## （五）在其他网站上进行练习

练习改进网站流程的另一种方法是学习他人的产品。假装你打算购买礼物或支付账单，下载你的朋友一直在谈论的 App，然后获取该 App 的产品说明、注册表单和商品介绍内容的屏幕截图，思考你会如何改进它们的信息结构和语言。当然，你可能不知道他们那样写背后的商业原因，但你还是可以练习思考哪些信息有效，哪些信息无效。站在用户的好奇心和严格的立场角度去审视学习他人的网站，将帮助你改善自己的工作。

# 第十一章

# 修改过程

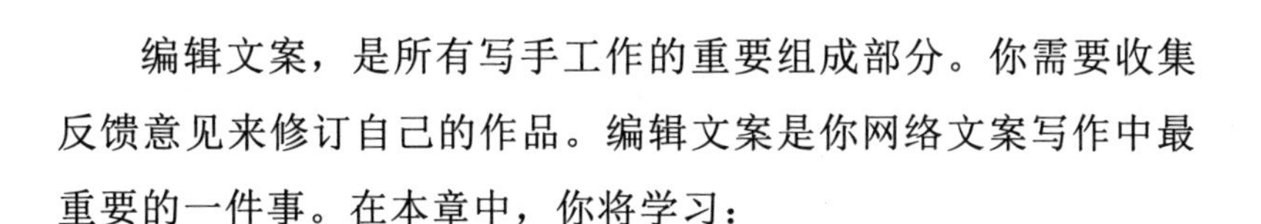

编辑文案，是所有写手工作的重要组成部分。你需要收集反馈意见来修订自己的作品。编辑文案是你网络文案写作中最重要的一件事。在本章中，你将学习：

■ 如何以一种有礼貌的、有效的方式与大家一起讨论草稿修改

■ 结合反馈意见，修改自己的作品

■ 以老师的眼光审视同事的编辑成果

这些技能能够帮助你更好地打磨作品，并让整个写作项目保持顺畅。

# 一、处理草稿

在第四章中，我们分享了一些技巧，以供你自己检查并保持作品的简洁明了。现在，让我们看看如何收集和整合其他人的反馈意见。

## （一）亮相

我们已经讨论了读者和用户的重要性，但是你的同事是你的第一批读者。在分享草稿之前，请考虑你需要什么样的审稿人以及需要什么样的需求。你的审稿人可以是专业编辑、专家、同事、客户、早期读者甚至朋友。可以事先拟定一个规划，想好如何与他们分享草稿并征求他们的意见。

### ❶先给一些大致信息

确定好你分享草稿的目的，并在审稿人那里努力实现这一目的。可以先用几句话帮助他们理解你为哪个网站写作，或你有什么疑惑。告诉他们你曾经设想过的格式选择，尤其是那些最后没有列在《项目写作指南》里的格式。如果你对文案里的具体细节或用户需要的信息不是很确定，请在里面标记出来。

注意，给审稿人的这几句话要简洁。如果你发现自己为此撰写的段落或要素过多，请考虑约审稿人开个会，以更好地面对面讨论你的问题，而不是一股脑将太多说明性文字提交给审稿人看。

如果你正在从事的是长期项目，就告诉他们你现在到哪一步了。是刚开始做，还是大概完成一半了，抑或是即将发布？它只是更大一组内容的一部分吗？请提供一些背景信息，以便你们能就草稿进行充分讨论。

### ❷选择一种友好的文稿格式

用一种友好的格式分享你的草稿。可以考虑在 Markdown 中创建一个文本文件，这样你的团队就可以先清晰地看到层次结构，而不必一上来就与 Word 中的太多文字打交道。如果你不想让人覆盖你的修改记录，就不要用 Word 文档分享。可以使用 Google Docs，这款文档关闭了访问者编辑功能，但保留了注释功能。或者，如果说你不希望别人进行编辑，就请设置为 PDF 格式。为你的团队找到正确的工具格式。记住，第一轮修订草稿的目标，是讨论你想要传达的想法，而不是找到确切的措辞。

### ❸告诉人们你需要什么样的反馈

你还可以通过告诉你的团队想要什么样的反馈，来避免你们就具体字句进行反复讨论。我们喜欢从高层次反馈和低层次反馈的角度进行思考。

高层次反馈可以回答此类问题：

- 内容清楚吗？是否有意义？
- 顺畅吗？有没有看不懂的地方？

- 涵盖了最重要的主题吗？
- 有什么内容你觉得写得特别愚蠢吗？
- 有需要故事或案例说明的地方吗？

这些是编辑在审查你的工作时会提出的问题。高层次的反馈意见可以让你的草案不脱离原定计划，并在项目早期就进行相应的调整改善。

低层次反馈更多地涉及细节，包括措辞混乱、信息混乱、拼写错误和语法错误等方面。这是写手在其他人审阅草稿时通常会收到的反馈。它们很重要，但是只有当你已经把想法写好并且进入润色阶段时，这些反馈才更有用。

无论在草稿写作的哪一阶段，都可以尽量获取上述两种反馈，没问题。只要明确你到底希望通过和他人分享草稿来获得什么样的反馈就行——无论你想要的，是他人正在大致浏览之后给予的高层次反馈，还是关于字词措辞的低层次反馈。

## ❹设定角色并设置反馈截止日期

确保审阅过程中每个人都知道他们需要做什么。你们是接收完所有反馈意见并修改后才正式发表，还是不管怎样都会有一个定好了的发表时间？设定你们明确的角色、截止日期和你的期望。如果你的草稿给了外部人员审阅修改，这一点尤其重要。有时候请人们在一个具体时间段内提交反馈，事情会容易得多。

一般来说，与数量较少的人员完成草稿审阅和反馈并最终定稿比较容易。在大型公司中，与客户一起工作时，你需要与更多的人一起审阅草稿。最好选择一些人作为编辑，但让其他人仅作为审阅者参与，他们无需给出重要的修改意见。

### ❺当项目进展不顺

如果错过了说好的提交草稿时间，就告诉你的编辑或审稿人，你工作时间比预期的长。也许你还需要一天的时间来完成草稿，或者你需要做更多的调研。要给出具体原因，不要让他人多次催你。让他们知道你正在努力，并告诉他们你何时可以提交。

如果审稿人催促得实在太紧，那么装作没看见他们的电子邮件是可以的——但要妥善应对。毕竟，你要和这些人一起工作，并且希望与他们建立良好的关系。对公司外部的人也是如此。当你成为写手时，每个人都是潜在的客户，每次与别人联系时都要显得专业。

## （二）接受反馈

在你开始收到反馈时，请花一些时间对这些反馈进行思考，并对照你的目标进行检查。如果有几个人同时在审查你的草稿，请给他们充足的时间进行评估，然后再进行统一修改。人们当然不容易达成一致的修改意见，如果你动手修改太早，可能后面又会收到意思相反的修改意见，从而浪费时间。在查看反馈并决定是否将其整合到草稿中时，需要考虑以下事项。

### ❶聆听各层次的意见

问问你自己，收到的反馈是属于高层次还是低层次。这将帮助你决定下一步要做什么。如果是细节修改，而且能让你的意思表达得更清楚，就进行修改。但是，如果是有关文章结构或含义的高层次意见，则可能需要做更多研究，然后再修改。如果反馈偏离了你的项目本意，就可能需要礼貌地重新向他们陈述你的目标。

### ❷敞开讨论

如果你没看懂反馈在说什么，或不确定该如何采用修改意见，请与你的审稿人讨论，一起解决问题。将反馈视为对文案进行有意义讨论的一项动力。如果你不采纳一些反馈，则可能要解释为什么不进行相应修改。就像面对面交流一样，你的写作应建立在与其他团队成员达成的共同目标上。因此，如果你觉得自己经常与编辑或内部审稿人发生争执，则可能需要退后一步，再进行一些采访，或改进编辑流程。

### ❸表示感谢

请记住，别人给你的反馈是礼物，而不是侮辱。不要认为审稿人的反馈像教授给你打的论文分数一样。你不是在自惹麻烦，你们是在一起工作，并且你的审稿人也希望帮助读者理解你的想法。即使你决定不采纳他们的一些建议，也要感谢他们花时间给出反馈。

### ❹冷静一下

在发布之前，请给自己一点时间来反思一下草稿。如果你可以让你的作品先搁置一个通宵，那么第二天早晨是进行重新审阅的好时机。当然，有时你需要写一些东西并尽快将其发布，特别是在紧急情况下。但是，即便你必须在一个小时内发布，也先让一两个人对它进行内容上的大致检查。

### ❺通读

当你认为草稿已完成时，请通读一遍，以确保这篇的语气与你的整体项目风格保持一致。检查一下基本的元素：清楚吗？易懂吗？有用吗？如果你还没有添加子标题或标题，请立即添加。记住大声读它，以确保听起来像是你自己在说话。

### ❻足够好就行

你会时不时地搞砸——错误是写作过程的一部分。即使提前标记了错字，你也会忘记修正拼写错误或更改某些措辞。大多数写手会给自己压力，想第一时间就把所有事情搞定。但你是凡人，没有人是完美的。而且因为是网络写作，大部分情况下你还可以在发布后再修改这些问题。

当然，在发布之前，请尽可能完善自己的作品。请一些早期读者来提意见——同时，你也可以经常做别人的早期读者。

# 二、当你担任编辑

我们经常与同事们一起到各个部门去担任编辑，这是重新思考你的公司风格并听取问题的好时机，尝试像教师一样进行编辑。把工作重点集中在同事和他们技能水平的提高上，这对促进公司各部门沟通顺畅具有重要意义。作为编辑，你可以听取读者的声音。你可以对文案进行阅读、审查、重新组织、修改和反思，从而使内容易懂，并向其他团队展示自己是如何工作。

## （一）编辑礼仪

以下是几种对你审查或编辑他人作品有帮助的方法。

**❶先说明你需要什么**

作为编辑，你可能比作者更了解发布过程。告诉他们需要预先了解的所有信息。如果你有《写作格式指南》，请提前予以分享。如果作品需要专门的附件说明，例如作者小传、插图或标题，请在写作过程的早期就将其告知写手。设定明确的交稿期限，并帮助写手按时完成所有工作。

**❷大修前先询问**

亲自动手或重写别人的草稿之前，请征得作者许可再进行重大更改。在修改写作方面，并不是每个写手的内心都很强大。但如果写手觉得自己也融入了编辑过程，他们将更有可能接受你的反馈和修改意见。

### ❸提供良好的反馈意见

当你送回草稿时，请总结你所做的更改。如果需要重写任何文本，请帮助写手理解你的想法。不要单单告诉他们你的写作要求然后就什么都不管了，还要解释一下你是如何理解《写作格式指南》以及其他所参考的准则的。也要赞扬他们的工作做得不错。如果你正在与新手合作，这可能尤其重要，他们可能需要一直受到鼓励。给出的反馈意见要具体一些，包括在相应地方标出字词上的修改建议。

### ❹查找主题

在编辑时请注意重复出现的问题和主题。如果你看到某个写手反复犯同样的错误，或者注意到有几个人犯了类似的错误，请考虑如何教给他们更好的写作方法。在适当的时候提及参照《写作格式指南》。而且，如果你的格式指南未涵盖重复出现的问题，则可能是时候进行更新了。

在你和写手所有的交流中，包括从采访、对话，到撰写、修改草稿，再到向他人说明风格问题，目标都是更好地服务读者和发展业务。因此，请对他们严格要求，同时找到一种让大家都感到有趣的工作方式。

## （二）与他们一起写作

有几种方法可以教会写手掌握有关语气和语调的知识，并以此建立他们自己的风格。

### ❶不要扼杀他们的声音

修改别人的句子时要小心。不要压倒作者本人的声音。作为编辑，你的工作是帮助读者理解作者所说的内容，而不是成为最终的样式决定者。如果一个句子读起来不错，但听起来不像你会说的话，请问问自己，你是在按照个人喜好对其进行编辑，还是的确需要对其进行重写才能更符合公司的集体声音。如果写手需要你的帮助才能找到正确的声音，就请他们参考你的《写作格式指南》中有关声音和语气的指南说明，并一起讨论。

### ❷向他们展示有效的方法

如果写手在决定采用何种体例格式时遇到困难，请向他们提出一些可行的方法并解释其背后的语言结构。也许句子太长又笨拙，需要改为从属从句；也许这里语气太生硬，需要改为被动语态以使其更柔和。帮助你的团队了解项目内容的宏观目标，这比告诉他们翻阅具体规则更有效。

### ❸愿意协商

就风格进行的协商不是对与错的问题。有时你需要允许自己的规则有例外情况。要乐于谈论任何对文章有用的内容。正如亚瑟·普洛特尼克所说，“我见过太多的编辑人员寻找一大堆成例，用以前的例子判断现在该怎么做。我告诉他们，要从眼下事项的实际情况出发。并且，当我们有充足时间时，我们会用好的直觉解决问题，而不是援引先例。”①

## ❹优化流程

在草稿写作和审阅过程中，继续优化编辑流程。如果你雇用更多的写手，采用新的文案类型或在网站添加新功能，请记住重新回顾你的初始目标和读者需求。

你可能需要撰写《写作格式指南》或让审阅者使用更多的参考文件。或者，你可能会使用模板或问题列表来加快每个项目的启动和进度。如果你在大型公司工作，可以预见你的工作角色和编辑流程会不时地发生变化。但无论什么情况，请尽量保持目标的简单纯粹。

① 亚瑟·普洛特尼克 . 编辑的元素 . 纽约：麦克米伦出版社，1982：3.

第十二章

# 写作格式指南

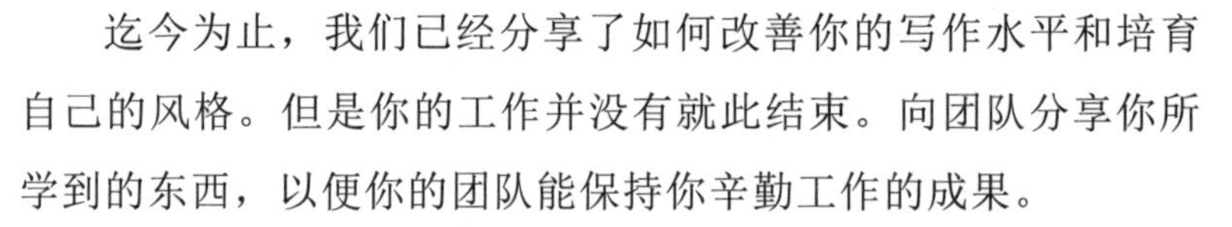

迄今为止，我们已经分享了如何改善你的写作水平和培育自己的风格。但是你的工作并没有就此结束。向团队分享你所学到的东西，以便你的团队能保持你辛勤工作的成果。

本章将指导你设计项目文案风格，并让团队妥善沿用。你将学习如何：

- 制订和维护有用的格式指南
- 为同事提供能进行优质写作的工具
- 作为一个集体写作
- 随着团队的发展，逐步改良自己的风格

这些技巧，能够帮助团队成员牢记你们的风格和基调。现在让我们看一下把风格落实为文字的过程。

# 一、定义样式

你需要一份《写作格式指南》手册。这个指南不一定非常详尽。我们建议保持简短，易于更新，更易于对照参考。一旦提前为内容建立了一些标准，制作格式指南就是相对简单的任务。

## （一）向写手展示写作方式

《写作格式指南》可以帮助写手理解你的品牌声音和内容标准。这个指南，也应该是生动活泼的，能指引写作。以下是这种指南能发挥的一些作用。

**（1）使文案前后内容保持一致。**前后一致的语言和措辞，可以使你的文案内容更加完善和权威。无论你拼写州名或使用邮政代号，采用全写还是缩写，都无所谓对与错，但你应该选择一个并坚持下去。格式指南可以为团队定下有关这些术语和拼写选择的规则。

**（2）保证文案清晰简洁。**《写作格式指南》可以突出明确的目标、要避免使用的术语以及常见的语言错误。阐明你的文案标准后，格式指南可以帮助你在工作沟通中保持传达意思时的清晰度。

**（3）节省时间。**《写作格式指南》可以帮助回答团队成员不知道如何解答的问题，当你不在时，它也可以继续工作。

它可以帮助团队成员自行解决一些小问题，而无需让编辑或情绪化因素混杂进来。

**（4）让写手更自主。**当人们手里有参考指南时，写作会感到更加自在。可以将其视为汽车手册：你可能并非每天都在使用，但是在出现问题时可以即时翻阅。《写作格式指南》可以让编辑做出更正式的修改决定，与他人讨论，并随着时间的推移而不断提高编辑水平。

**（5）教写手学会掌握声音和语气。**《写作格式指南》是公司文案声音和语气的指南针。它可以帮助写手了解你的品牌属性和写作原则，并指导他们针对特定类型的内容进行恰当的语调和单词选择。

## （二）是指南针，而不是药方

这样一份指南，可以在团队其他成员自学编辑时给予他们培训和支持，但不应仅凭此就认为万事大吉。以下是《写作格式指南》不应该包含的内容。

**（1）它不是问题练习册。**把《写作格式指南》当作参考手册，而不是根治所有问题的灵丹妙药。不要指望它可以解决写作马虎或其他所有内容问题。你可以翻阅它进行参考，但是你仍然需要提醒同事在写作时自觉保证文案的清楚和友善。

**（2）它不适合所有人。**某些人不需要使用你的《写作格式指南》。例如，不要试图将其强加给你的首席执行官。它不能替代编辑，因此在审阅过程中还是要及时手动修改文本内容错误。

**（3）它不是圣经。**不要在《写作格式指南》中增加太多内容，这是一个可以改善你写作的重要工具，但是随着时间的推移，需要对其进行优化。而且你可能需要经常允许一些例外状况的发生——这点我们将在本章稍后讨论。

## （三）从现成的文献开始

现在已经有很多关于搭建写作风格的好书。你没有必要亲自再写一本。在编写格式指南之前，请先考虑一下团队需要从哪些方面来优化写作。

对于大多数团队来说，选择一个现成的格式指南作为基础并构建内容会更有意义。在本节中，我们将分享一些基础的格式指南示例，并向你展示如何通过对其进行补充来编写自己的《写作格式指南》。

### ❶《风格的要素》

由小威廉·斯特伦克和 E. B. 怀特撰写的经典英语写作指南《风格的要素》，非常适用于博客主和需要进行简单文案写作的公司。对于任何写手来说，这本书都是必读的，但是一旦涉及你的具体需求，它可能就太过简洁了，比如它没有涵盖互联网相关的主题。因此，想编写格式指南的数字公司可能需要在里面补充许多东西。

### ❷雅虎公司的风格指南

我们向许多公司特别是科技公司推荐雅虎公司的写作指南。它是为发布数字内容的人员创建的，因此涵盖了如何撰写页眉、电子邮件件甚至SEO等主题，非常实用，结构清晰，易于翻阅。

### ❸《芝加哥格式手册》

1906年以来由芝加哥大学出版社出版的《芝加哥格式手册》，到现在仍被出版商、科技公司和其他行业广泛应用于英语写作。但是它涵盖的内容太全面了，以至于很难用于具体情况。这属于专业工具，虽然对具有编辑意识的人来说很方便参阅，并且讨论了你可能在其他地方找不到的话题，但不适合将其放在网站工程师或技术支持人员的办公桌上。

### ❹《经济学人格式指南》

《经济学人》为记者创建了这份指南，对于任何想发布内容的公司来说这都是有用的。它比其他指南更为严格、实用和紧凑，以读者为中心，对写手有诸如此类的好建议："不要自嗨"和"使用日常说话的语言，不要使用发言人、律师或官僚的语言"。如果你有国际读者，可能会喜欢里面关于如何使用英语成语、外来名称和传递美国精神等方面的内容。

### ❺《美联社格式指南》

美联社的格式主要用于新闻写作，但对于任何内容发布方来说也都是不错的指南。它推崇简洁，这对于文案撰稿人很有用。

浏览这些基础指南手册，找到最适合你的指南。挑选一个最接近你公司的版本，这样你就不必完全重写。它帮助你提前铺垫好了最重要的规则和格式，你可以予以整体比较和选取。

还有许多其他《写作格式指南》，例如美国现代语言协会的《论文写作手册》和美国心理学协会的《出版手册》。不过这两本手册更适合学术写作。如果你是文案撰稿人，将其搁置在书架上备用即可。

购买一些基本的格式指南手册，或者为你的团队在线订阅一些。以此为参考，来教团队成员基础写作知识和一般准则，例如如何使用逗号和撰写能吸引人的标题。通过参考一本综合性的格式手册，你可以让你自己的格式手册更简洁和更有针对性。现在我们来看看这一部分。

## （四）谁会用《写作格式指南》

先确定谁将阅读你的《写作格式指南》并定期使用。就一个小团队，还是你会将其分给几个不同的团队？包括专业写手和编辑吗？还是他们可能不认为自己是文案写手？或者也许现在只适合你个人进行参考？考虑指南的受众，有助于帮你决定指南要包括哪些内容，以及要包含哪些详细信息。

如果你的格式指南是为经验丰富的写手和编辑所用，那么你可能不需要解释基础语法。例如，你可以不用说明是否使用牛津逗号或序列逗号以及解释其用法。但是对于普通写手，你可能需要在每个条目说明中都附上具体示例，以更好地阐明你的意图。

## （五）元素

没有两个完全相同的格式指南。你定期会从内部沟通、写手提出问题、设计评论问题和你自己经常遇到的其他问题那里获取更多的信息，然后对指南进行优化。接下来的几节，我们将介绍哪些主题可以被写进你的指南手册——这具体取决于你发布的内容、使用指南的方式以及选择哪本现成的指南作为编写基础。

### ❶基本原则

指南里要包括一些更宏观的内容原则，以便你的团队理解你的想法。概述你想要完成的项目内容。设想一下，你只有一分钟时间告诉写手要怎么写，你会说什么？就这样写，并放进指南中。

如果你自己有一些关于品牌准则、设计属性或有利于交流的一般性原则，则可以将其用作内容写作准则。例如，以下是英国政府网站《写作格式指南》中的设计原则。

（1）从需求入手。

（2）让访问者少操作。

（3）根据数据进行设计。

（4）让困难工作变得简单。

（5）迭代。然后再次迭代。

（6）包容。

（7）了解访问者的心理需求。

（8）打造数字服务，而不是网站。

（9）保持前后一致，但不是单调统一。

（10）保持开放心态，让事情变得更好。①

这些原则适用于写手、编辑和网站设计师，并有助于更好地补充《写作格式指南》的内容。②

如果你的品牌打造原则看重视觉设计和公司徽标的使用，那么你需要编写更具体一些的原则。这些原则应与你的项目任务相辅相成，并能进一步完善你的品牌打造原则。

这里有一些例句：

心怀善意。

保持诚实。

做到简洁。

获取读者信任。

用日常说话的语气进行写作。

---

① 英国政府数字服务网站：“设计原则”。https://www.gov.uk/design-principles.

② 英国政府数字服务网站：“内容格式指南”。https://www.gov.uk/design-principles/style-guide.

编写这部分原则时，要尽量简洁化，然后将其放在指南的最前面，让写手在着手具体工作之前先理解你想要实现的格式。

## ❷声音和语调

打造属于你的格式，说明你和其他人或团队的不同之处。挖掘你公司的个性，并在指南中提供写出正确语调的技巧。如果你列出了“是此非彼”的列表（请参阅第五章），就将其列入参考附件。此处也是说明如何能在文案中体现独特风格的好时机，例如，该如何与读者交谈或如何使用名词。

## ❸文案类型

列出公司需要发布的所有文案类型（请参阅第五章）。按字母顺序对它们进行排序，或粗略地按人们在你的网站上遇到它们的顺序来排序。为每种文案类型命名（比如博客文章类、帮助文档类、市场营销类、注册表格类），并仔细说明该如何撰写它们。你对声音和语气的写作标准也应该在这里予以说明。在撰写其中一部分时，思考一下写手如何才能将这些格式要求落到实处。可以给出示例，明确说明这些格式如何应用。你还可以对比正反案例，以更好地说明你的想法。

如果你对每种文案类型都有一些写作指导原则，请为每个类型的条目开辟一个区域予以说明。以下是下风书店的示例。

**（1）博客文章类**

**（2）此类格式目的：**鼓励人们在网上商店购物或线下访问我们的网站，关注我们的新品上市信息和店内独家销售活动。

此类文案也会推广即将举行的店内活动和夏季阅读营，以及促进大众阅读，推进识字教育和为儿童图书收藏者提供社区服务。

**（3）读者分布：**喜欢我们商店的常客和潜在客户，尤其是父母和儿童书籍收藏爱好者。

**（4）字数范围：**250 ～ 1 200 字。

如果你的网站有现成相似的文案类型，请在这里提供链接，让你的同事能够点击查看示例或屏幕截图，这种链接能作为视觉辅助工具方便人们更好地理解。也能帮助写手直观看到不同文案类型之间的细微差别。但切记，网站页面如果作出更改，也要相应更新示例和屏幕截图的链接。

你也可以将某一类文案类型的格式准则专门做成一个更大的指南章节，以更好地作为写作参考。例如，也许你有很多博客写手，但是那些人只需要了解博客文章的格式要求，不需要了解其他文案类型。在这种情况下，请创建一个单独的博客写作章节供他们参考。总之，应在不浪费别人的时间或模糊信息重点的前提下，为写手提供他们所需的信息。

## ❹语法和用法

《写作格式指南》中这一块内容，重点讲你公司独有的文案规则。这些可能包括大写与缩写词等使用规定，以及你想强调的其他词的用法。如果允许有时出现例外的状况，请在规则里予以说明。

应说清楚，是否使用牛津逗号，是否使用连接符，何时使用缩写，何时拼写数字或使用数字——特别是如果这里面的任何一个与你的基础性指南手册相抵触时。如果你是杂志或新闻网站，可以告诉写手如何介绍人物（通常是名字加姓氏）以及如何在此之后再提及他们（是用名字还是姓氏）。你还可以为参考来源或脚注格式设定标准。

列出一个常用单词列表，这可以向写手展示如何拼写产品名称或是否将其大写。它还可以快速消除写手对“登录状态”（名词或形容词）和“登录”（动词）这两个词之间的混淆。如果想避免使用特定的行业术语，也在这里予以说明。

在《写作格式指南》里按字母顺序排列你的语法和用法列表，可以让人们快速查找到所需内容。请记住，不要尝试做到巨细靡遗。如果写手可以在字典中直接查找到相关内容，就无需参阅你的格式指南。例如，“进一步”和“下一步”，“影响”和“效果”，这些词之间的区别就不属于《写作格式指南》的内容，除非它们恰好是写手经常弄混的词语。

## ❺网页指南

网页指南可以成为实用操作部分下的子板块，或者单独成章。如果你的团队成员在组织文案和排版等方面需要帮助，就将其纳入《写作格式指南》。这里面的内容包括：

（1）标题，标签和子标题。

（2）模块元素，例如块引号、列表或代码段。

（3）图片标题，标题长度，替代文本和大小。

（4）文本样式：重点、斜体、脚注等。

（5）关键字，如书店、书城和年轻读者。

通过说明如何保持这些格式的前后一致，来帮助你的团队保持各类基础要素的一致。

❻资源包

将《写作格式指南》打包为一个简短的资源包，供那些想了解更多有关写作准则的写手参考。在里面也纳入那些基础的格式指南手册，以及任何对你的团队有帮助的书籍或链接。

编写完《写作格式指南》后，请通读一遍，并确保其内容尽可能简短。用清晰的标题将其分为一个个可操作的章节。如果人们一上来就被它的海量内容吓到了，就不会想再进一步阅读。确保它对你的团队确有实用，并请同事予以反馈。

## （六）随时更新

指南都写完了？太棒了！接下来，请和团队分享你的《写作格式指南》并对其予以更新。不要让它堆积在你的桌面上招灰尘，不要做成 PDF 就不管了，而是应将其发布到易于更新和访问的地方。如果你的团队使用 Wiki、Google 文档或 Git Hub，那么再好不过。如果人们更喜欢能够放入收藏夹的网页链接形式，那么可以将其做成网页。它不一定要很精美，但是应该很实用，并应被视为团队业务交流中的重要组成部分。像任何有生命力的文档一样，《写作格式指南》也需要定期维护和根据反馈予以修改，因此要把它做得易于访问和更新。

找专人来负责管理《写作格式指南》的内容。如果这是你自己的工作，就请定期更新。在小公司，你可能可以随时进行编辑。但是，如果情况不允许这样，就请收集一段时间内的反馈，并在工作日历中设定好进行更新的日子，定期予以更新，使《写作格式指南》不会过时。

将你的格式指南作为支持性帮助文档，而不是替代编辑自己的思想。当你提出问题或进行编辑时，请参考相应的部分以获取更多详细信息。帮助你的团队理解如何将你的格式付诸实践。如果你发现自己不得不用不同的方式解释格式问题，或必须通过电子邮件举例说明，就请考虑更新《写作格式指南》，说清你对相关问题的解释。

## 二、把《写作格式指南》推广出去

现在已经有了《写作格式指南》，写手可以在有疑问或需要帮助时使用它。但是，如果你是编辑或网站负责人，你的工作是帮助写手为读者发布优质内容。这意味着你要抓住每一次机会给写手解释指南的相关内容。

### （一）展示并介绍

就像将产品和公司展示给客户看一样，你也需要在团队内部推广自己的指南。让团队成员了解你的品牌标准和声音语调指南，并告诉他们在需要帮助时如何与你联系。

## ❶做 PPT 宣讲

在某些组织中，通过 PPT 做展示是讨论格式问题的绝佳方法。你可能需要将《写作格式指南》分享给开发人员或设计师团队。或者，你可能希望给新员工简要介绍你的写作原则。讲座式的宣讲对介绍你自己和你的团队非常有用，特别是如果你是一家较大公司的编辑团队的一员。给自己充足的时间来向同事解释自己的工作，概述内容标准，并说明你希望大家都能掌握的重要文案类型或技巧。在展示的最后，给听众提问留出时间。

### 附：Facebook 如何讨论工作想法

在过去的几年中，Facebook 的内容团队已发展到超过 25 人。为了跟上增长的步伐，他们开始进行一种名为“火花”的头脑风暴会议或临时会议讨论工作想法。内容策略总监阿丽夏亚·道格尔提－沃尔德向我们介绍了“火光”如何支持公司的目标实现以及提升编辑工作。

阿丽夏亚说，团队在很早以前就形成了“火花”的讨论模式：“我们希望确保所有人都以一致的文案声音写作，而最简单的方法就是互相展示成果并进行讨论。”那以后，Facebook 就定义了内容标准并正式确定了统一的对外文案声音。但是，“火花”仍是整个内容创作过程的重要组成部分。“我们一起利用这个机会，来使我们的产品声音与Facebook其他所有产品保持一致，保持内容和格式的协调，并在团队内部建立友好情谊。”阿丽夏亚说，“火光”会议最适合五到七个人参加，并且不像正式会议那样限定人数，而是人人均可出席。

阿丽夏亚的团队每周举行几次“火花”讨论，而战略顾问会根据自己的工作日程时不时参加。每个人都带来一份写作草稿并寻求反馈意见，也许他们想集思广益，或是向他人分享自己的写作方向，或是为如何更好地表达主题而寻求帮助。阿丽夏亚说：“无论你带来什么，都会感觉到团队其他成员的提问和建议，这会让你的工作成果变得更优秀。”

阿丽夏亚补充说，我们还会讨论设计标准，并与用户体验研究团队合作，以确保我们能获得团队之外的人（尤其是我们工作面向的对象）提供的反馈。“我们当然会进行更有条理的编辑过程，但也会采纳‘火光’带来的灵感。”她说：“我们是一个不寻常的内容战略团队，我们不仅从事高级的战略性工作，还从事产品和市场营销写作和编辑的实际工作，无论我们从事该领域或在Facebook工作了多长时间都不重要，我们都希望从同事身上学到东西，而我们做到了！”

### ❷设置办公时间

设置办公时间是大学里的常见做法，你可以在课外与教授预约时间见面。这使你有机会在完成作业后，私下与你的教授进行交流，以确保你的学习方向是正确的。你可以与同事做类似的事情。安排时间与他们单独见面，让他们询问你有关格式问题或如何完成草稿。你还可以安排面向多人的集体办公时间，一次可以帮助多个人。对于写手来说，听听你和公司别的写手讨论风格问题会大有裨益。

## （二）一起编写《写作格式指南》

即使只有你一个人在负责编写《写作格式指南》，也应该与团队进行持续的沟通。

### ❶创建格式讨论小组

在一家较大的公司或出版机构中，可以和对编辑问题感兴趣的人组成一个正式小组。每季度召开一次会议，在一个开放性论坛上回答同事的问题，并讨论如何改进格式。询问你的团队，现有《写作格式指南》里的规则里是否有任何相互混淆或相互矛盾的地方。也可以把参与到决策机制的其他人囊括进来，让他们有机会学习你是如何解决分歧或对需要更新的事项进行优先排序的。

## ❷告知更新

告诉人们重要的更新内容。在《写作格式指南》末尾，附上变更日志或最新变更清单会很有用。《纽约时报》在他们的博客“截止日期之后”上，对告知体例更新方面就做得很好。[1]编辑人员发布有关格式的更新以及进行更改的具体原因，有助于所有人了解最新的内容以及为何进行更改。就格式更改问题及时予以告知，对于那些所有员工都会接触到格式问题的出版与媒体机构而言，尤其重要。

---

① 菲利普·科贝特：“最新手册”- 截止日期之后，2013 年 10 月 9 日。http://afterdeadline.blogs.nytimes.com/2013/10/29/the-latest-style/.

# 后记

我们在一个清朗的四月的清晨完成了此书。创作这本书的过程中，我们来回传递电子邮件，合作撰写草稿，讨论了开放性问题，重新命名了一些内容，并修改了阅读效果不佳的句子。我们审阅了每一章的每个部分，直到感觉足够接近我们想表达的内容为止。

这就是我们希望你从本书中学到的东西：把写作当作一个过程；大声朗读你的作品，并与在乎你的人进行讨论，向你自己和你的同事提问；在写作时检查自己写的内容是否和你的感受一致；思考如何表达你的声音并注意你的语调；把读者放在第一位。

现在，你已经明白了你的任务、目标和读者，已经建立了平易近人的写作风格，并且知道它如何适用于你手上的不同文案类型，你已经在用格式意识和目的意识写作了。所以，请坚持下去。

我们热切希望阅读你的大作。

# 致谢

感谢厄恩·基珊对我们工作的鼓励，他对我们的工作产生了重大影响。

感谢阿尔维·迪亚克仔细阅读我们的成果并设计封面，让整本书看上去十分美观。

感谢安德鲁·托马斯·李，为我们拍摄宣传照，中途还逗得我们开怀大笑。

感谢马克·迪克里斯蒂纳为我们提出宝贵的建议。

感谢“新骑士”团队：南希·彼得森、玛格丽特·安德森、特斯希·克鲁姆、格雷彻·迪卡斯特拉、咪咪·赫夫特，以及丽贝卡·普朗克特。并且还要感谢迈克尔·诺兰采纳了我们最初的创作想法。感谢你们让此书得以最终问世。

感谢为我们提供内容的人士：加布里尔·布莱尔、玛格特·布鲁斯汀、曼迪·布朗、蒂凡尼·琼斯·布朗、阿丽夏亚·道

格尔提 - 沃尔德，感谢你们抽出时间向我们分享你们的智慧。

感谢我们最初的读者：布丽塔·亚历山大、薇薇安·本西奇、克里斯托弗·比利扎得、斯科特·布姆斯、曼迪·布朗、黛比·冉纳里、莱斯利·格拉姆、罗伯特·格乐克、理查德·英格拉姆、黛安娜·金布尔、简·罗伊，瑞秋·玛杜克斯、克里·马昂里、斯图尔特·麦克科伊、肯尼·迈尔斯、切尔西·兰德尔、奥斯汀·雷伊、瑞秋·斯蒂文森、艾伦·谭、妮可拉斯·凡·伊克安、艾立森·冯·休敦、艾伦·沃尔特，以及伯纳德·于，感谢你们给予我们富有洞察力的反馈意见，并且就我们的初稿给予我们极大的鼓励。我们必当报答。

除此之外，还感谢杰克·程、弗兰克·奇美拉、保罗·福特、约翰·弗里曼、伊森·马尔克特、萨米·诺斯拉特，以及寇伊·文，感谢你们早期向我们提出的书稿意见。

### 凯特说

感谢妮可，她是一个卓越的写作伙伴和朋友，一直帮助我保持整本书的写作进度。

感谢马克·蒂克里斯蒂那、本·切斯特纳特、埃隆·沃尔特，以及教会我很多的 MailChimp 整个团队，他们鼓励我将作品拿出来一起讨论，并且给了我充足的时间和空间进行写作。还有尼尔·拜恩顿，是他最早启发我写这本书。我太爱这份工作了。

感谢我的初期编辑奥斯汀·雷伊和瑞秋·玛杜克斯。感谢与我合作的《福布斯》杂志编辑、A List Apart 编辑、UX 编辑、“设计海绵”编辑，以及其他让我有充足时间进行写作的人。

感谢克里斯蒂娜 • 哈尔威森、埃里克 • 威斯特拉和 Confab 团队多年前曾经与我合作。

感谢我的家人，以及安迪——我生命中最爱的人。

**妮可说**

感谢凯特全身心投入到本书的撰写中，她是一个让人称赞的合作伙伴。和她合作让我感到愉快和荣幸。

感谢斯科特 • 波姆斯、蒂凡妮 • 布朗、莎拉 • 迪斯廷、丹尼尔 • 费赞、鲍比 • 乔治、罗伯特 • 格拉克、约翰森 • 卡恩、厄恩 • 基珊、瑞秋 • 拉文格、梅根 • 马、皮特 • 理查森、蒂莫西 • 桑德斯、亚当 • 施哈金、迈克尔 • 瑟德尔、杰西 • 塔格特、多瑞安 • 泰勒、艾米 • 蒂博多、埃里克 • 威斯特拉，以及其他我不小心漏掉的人。谢谢你们鼓励我写作。

感谢我在苹果公司、米勒设计公司、“零”实验室和 Facebook 的前同事和如今的客户，是你们让互联网变得更加温暖。

感谢父亲和我的其他家人。感谢马克斯在最好的时候进入我的生活。我爱你。

在本书中，我们探讨了网络写手和中小企业主在日常工作中可能会遇上的话题。下面列出的书籍资源则涵盖了相关领域的更多细节，从获取灵感到一些具体话题的写作指导——包括内容布局、网页设计、实用性以及如何起草法律合同。要获取更多资源，请访问 http://nicelysaid.co。

## 一、写作类

Natalie Goldberg. *Writing Down the Bones: Freeing the Writer Within*. Boston: Shambhala, 2005.

Verlyn Klinkenborg. *Several Short Sentences About Writing*. New York: Vintage, 2012.

Anne Lamott. *Bird by Bird: Some Instructions on Writing and Life*. New York: Anchor, 1994.

Mary Pipher. *Writing to Change the World*. New York: Riverhead, 2006.

Dani Shapiro. *Still Writing: The Perils and Pleasures of a Creative Life*. New York: Atlantic Monthly Press, 2013.

Marjorie E. Skillin. *Words into Type*. Third edition. Englewood Cliffs, NJ: Prentice Hall, 1974.

## 二、格式类

Chris Barr and The Senior Editors of Yahoo!. *The Yahoo! Style Guide: The Ultimate Sourcebook for Writing, Editing, and Creating Content for the Digital World*. New York: St. Martin's Griffin, 2010.

*The Chicago Manual of Style Online*. www.chicagomanualofstyle.org.

*The Economist Style Guide*. http://www.economist.com/styleguide/.

Peter Elbow. *Vernacular Eloquence: What Speech Can Bring to Writing*. New York: Oxford, 2012.

Patrick J. Lynch and Sarah Horton. *Web Style Guide*. Third edition. www. webstyleguide. com/ wsg3/.

William Strunk Jr. and E.B. White. *The Elements of Style*. Fourth edition. New York: Longman, 2000.

William Zinsser. *On Writing Well*. Seventh edition. New York: Collins, 2006.

## 三、编辑类

Claire Kehrwald Cook. *Line by Line: How to Edit Your Own Writing*. Boston: Houghton Mifflin Harcourt, 1985.

Scott Norton. *Developmental Editing: A Handbook for Freelancers, Authors, and Publishers*. Chicago and London: University of Chicago Press, 2009.

Arthur Plotnik. *The Elements of Editing: A Modern Guide for Editors and Journalists*. New York: Macmillan, 1982.

Carol Fisher Saller. *The Subversive Copy Editor: Advice from Chicago (or, How to Negotiate Good Relationships with Your Writers, Your Colleagues, and Yourself)*. Chicago: University of Chicago, 2009.

## 四、调研类

Wayne C. Booth, Gregory G. Colomb, and Joseph M. Williams. *The Craft of Research*. Third edition. Chicago: University of Chicago Press, 2008.

Erika Hall. *Just Enough Research*. New York: A Book Apart, 2013.

Steve Portigal. *Interviewing Users: How to Uncover Compelling Insights*. New York: Rosenfeld Media, 2013.

Kio Stark. *Don't Go Back to School: A Handbook for Learning Anything*. Greenglass, 2013.

## 五、内容战略类

Margot Bloomstein. *Content Strategy at Work: Real-World Stories to Strengthen Every Interactive Project*. New York: Morgan Kaufmann, 2012.

Kristina Halvorson and Melissa Rach. *Content Strategy for the Web*. Second edition. Berkeley, CA: New Riders, 2012.

Erin Kissane. *The Elements of Content Strategy*. New York: A Book Apart, 2011.

Karen McGrane. *Content Strategy for Mobile*. New York: A Book Apart, 2012.

Sara Wachter-Boettcher. *Content Everywhere: Strategy and Structure for Future-Ready Content*. Brooklyn, NY: Rosenfeld Media, 2012.

## 六、设计类

Dan M. Brown. *Communicating Design: Developing Web Site Documentation for Design and Planning*. Second edition. Berkeley, CA: New Riders, 2011.

Jason Fried. "Questions I Ask When Reviewing a Design." *Signal v. Noise,* October 11, 2011. http://37signals.com/svn/posts/3024-questions-i-ask-when-reviewing-a-design.

Randy. J. Hunt. *Product Design for the Web: Principles of Designing and Releasing Web Products*. New Riders, 2014.

Mike Monteiro. *Design Is a Job*. New York: A Book Apart, 2012.

Jakob Nielsen and Don Norman. *Writing for the Web*. www.nngroup.com/topic/writing-web/.

## 七、商业营销类

Clayton M. Christensen. *The Innovator's Dilemma: The Revolutionary Book that Will Change the Way You Do Business*. Reprint edition. New York: HarperBusiness, 2011.

Eric Karjaluoto. *Speak Human: Outmarket the Big Guys by Getting Personal*. Smashlab, 2009.

Austin Kleon. *Show Your Work! 10 Ways to Share Your Creativity and Get Discovered.* New York: Workman Publishing, 2014.

Youngme Moon. *Different: Escaping the Competitive Herd*. New York: Crown Business, 2010.

Marty Neumeier. *Zag: The Number One Strategy of High-Performance Brands*. Berkeley, CA: New Riders, 2007.

## 八、法律文件起草类

Bryan A. Garner. *Legal Writing in Plain English*. Second edition. Chicago: University of Chicago, 2001.

Tina L. Stark. *Drafting Contracts: How and Why Lawyers Do What They Do*. New York: Aspen Publishers, 2007.

Terms of Service; Didn't Read. http://tosdr.org.